文成天縱

續宋本叢書

隸韻

·上·

〔宋〕劉球 撰

廣西師範大學出版社
GUANGXI NORMAL UNIVERSITY PRESS
·桂林·

隸韻
LI YUN

圖書在版編目（CIP）數據

隸韻 ： 全两册 / （宋）劉球撰. --桂林 ： 廣西師範大學出版社，2021.10
（續宋本叢書）
ISBN 978-7-5598-4270-1

Ⅰ. ①隸… Ⅱ. ①劉… Ⅲ. ①隸書－中國－古代－字典 Ⅳ. ①H123

中國版本圖書館 CIP 數據核字（2021）第 187225 號

廣西師範大學出版社發行
（廣西桂林市五里店路 9 號 郵政編碼：541004
網址：http://www.bbtpress.com）
出版人：黄軒莊
全國新華書店經銷
三河弘翰印務有限公司印刷
（河北省三河市黄土莊鎮二百户村北 郵政編碼：065200）
開本：889 mm × 1 194 mm 1/16
印張：70 字數：1 120 千
2021 年 10 月第 1 版 2021 年 10 月第 1 次印刷
定價：1960.00 元（上、下）

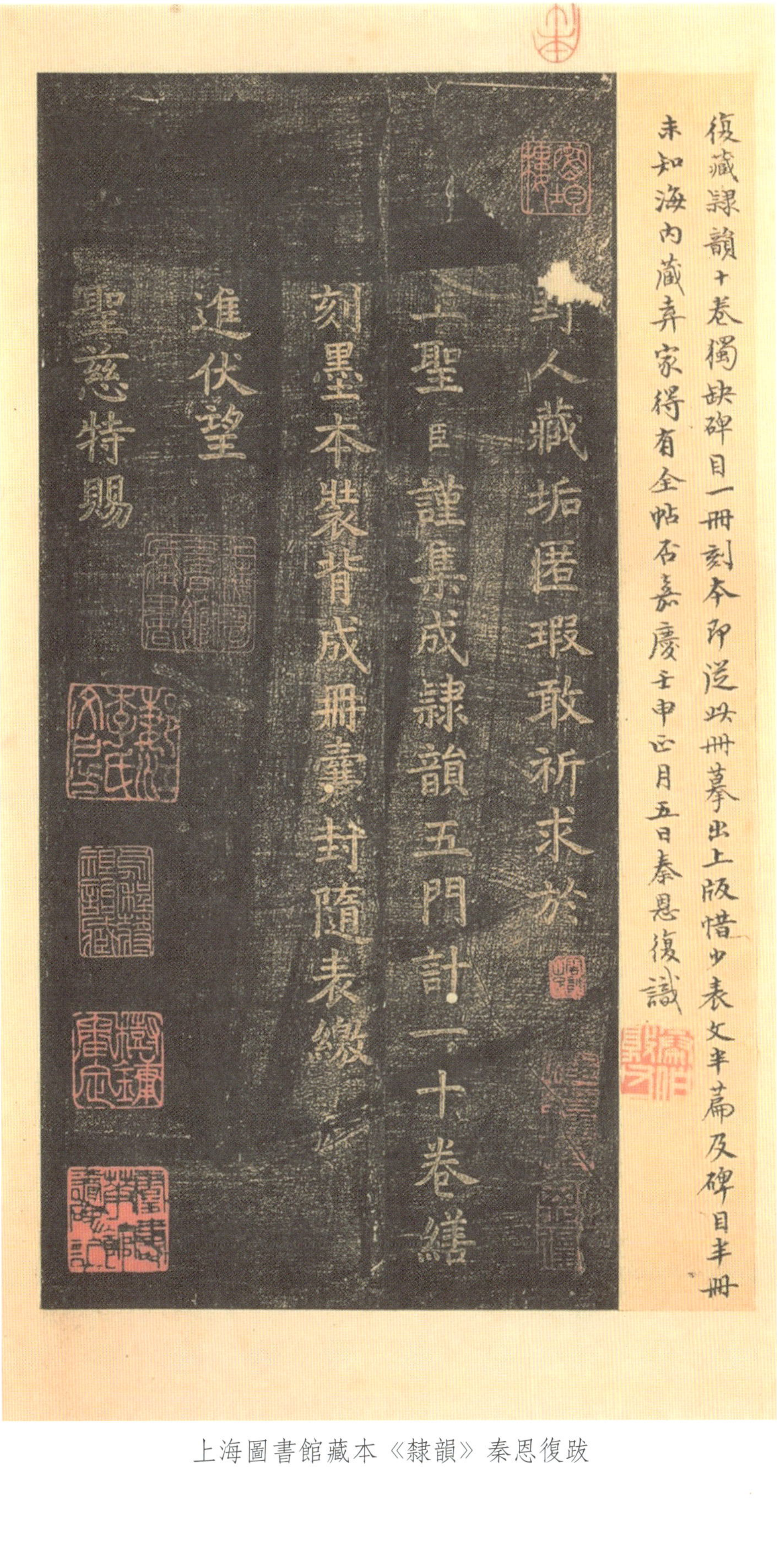
對人藏垢匿瑕敢祈求於
上聖臣謹集成隸韻五門討一十卷繕
刻墨本裝背成冊囊封隨表繳
進伏望
聖慈特賜

復藏隸韻十卷獨缺碑目一冊刻本即從此冊摹出上版惜少表文半葉及碑目半冊
未知海內藏弆家得有全帖否嘉慶壬申正月五日秦恩復識

上海圖書館藏本《隸韻》秦恩復跋

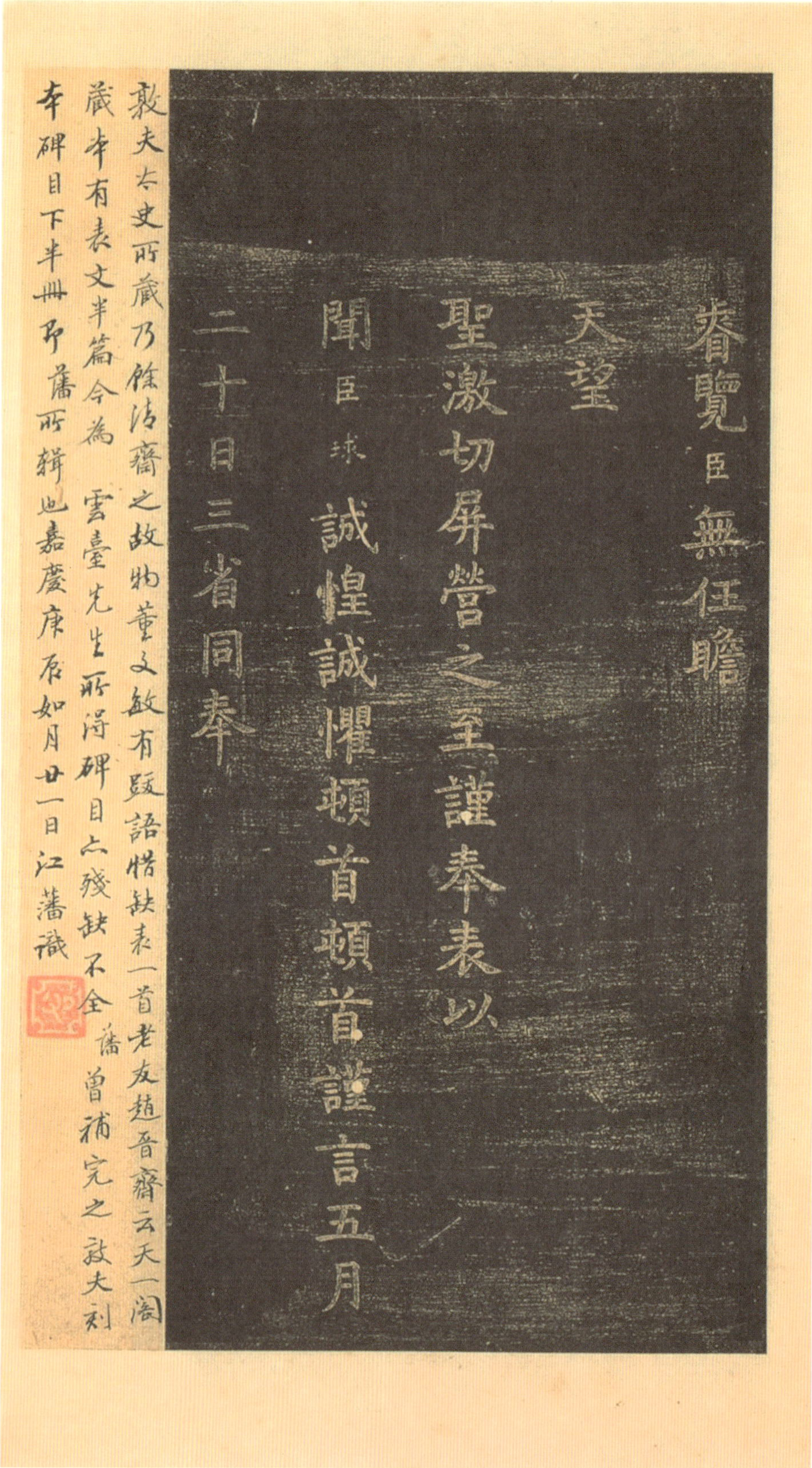
睿覽臣無任瞻
天望
聖激切屏營之至謹奉表以
聞臣球誠惶誠懼頓首頓首謹言五月
二十日三省同奉

穀夫太史所藏乃餘清齋之故物董文敏有跋語惜缺表一首老友趙晉齋云天一閣
藏本有表文半篇今為雲臺先生所得碑目亦殘缺不全藩曾補完之穀夫刻
本碑目下半冊即藩所輯也嘉慶庚辰如月廿一日江藩識

上海圖書館藏本《隸韻》江藩跋

四個半葉，卷四缺十個整葉、三個半葉，卷六缺十三個整葉、一個半葉，卷八缺十九個整葉、六個半葉，卷九缺十四個整葉、七個半葉。其三为明餘清齋吳廷舊藏宋拓本，後歸秦恩復，終毀於戰火。

上圖藏本有秦恩復跋曰：『復藏《隸韻》十卷，獨缺碑目一册。刻本即從此册摹出上版，惜少表文半篇及碑目半册，未知海内藏弆家得有全帖否。』據此，秦恩復翻刻《隸韻》的底本，似爲餘清齋本十卷正文及上圖本表文半篇、碑目半册。然上圖藏本阮元之跋却謂秦恩復藏本僅爲半部：『此宋拓《隸韻》，舊人罕見之。……元家藏此半部，共七册，合之江都秦氏所藏半部，竟成全璧。两淮鹺使阿厚庵鎸于木板，世人始共寶之矣。』阮元此跋題於嘉慶十五年《隸韻》刻本面世之後，所言『合之江都秦氏所藏半部，竟成全璧』，應屬實；若僅缺表文、碑目，則與『半部』之説不符。又，上圖藏本徐渭仁二跋，亦云秦本隻存半部，且親眼目睹：『敦夫先生所藏《隸韻》半部，道光丙申（一八三六）毁於火，求廬山真面者唯此區區耳。咸豐元年（一八五一）正月，滬上徐渭仁記。』『秦氏殘本今在程蘭川通判處，辛亥（一八五一）六月親見之，丙申（一八三六）之説，人言不足信如此。』

秦恩復藏餘清齋本究竟是『十卷』還是『半部』？首先要搞清楚『十卷』的概念，每卷是否缺葉。《北京圖書館古籍善本書目》著録國圖藏本《隸韻》之卷數爲『存九卷（一至三、五至十）』，僅缺一卷，但所存九卷均有缺葉，實存二白零八葉。查嘉慶十五年刻本《隸韻》，宋本部分有四百五十葉之多，國圖本按葉數計尚不足半部。餘清齋本十卷正文亦有殘缺，故『半部』及『十卷』之説并不矛盾。

此刻本將原書之陰文改爲陽文，以便刊刻与閲讀。又增翁方綱《重刻淳熙隸韻序》、董其昌跋、翁方綱《碑目考證》《隸韻考證》，並附秦恩復《隸韻後序》，於嘉慶十五年刊刻完成。就内容而言，秦恩復刻本爲《隸韻》現存版本之最全者。

本書據湖北省圖書館藏本影印。

北京文獻出版中心

二〇二一年五月

出版説明

《隸韻》十卷，宋劉球撰，清嘉慶十五年（一八一〇）秦恩復刻本。開本高三十厘米，寬十七・一厘米，版框高二十二・五厘米，寬十四・三厘米，四周單邊，白口，單魚尾，每半葉大字五行，行六字，小字雙行，行字不等。

劉球，生卒年不詳。南宋楊萬里《誠齋集》卷六十九記有外戚劉球，但《隸韻》撰者在進書表中自稱『野人』，則身無官爵，當與外戚劉球不是一人。秦恩復（一七六〇—一八四三），字近光，號敦夫，江都（今江蘇揚州）人。清乾隆五十二年（一七八七）進士，改翰林院庶吉士。散館，授編修。秦恩復校刻之書版本珍貴，校勘極精，考證有據，一經問世，即爲學者稱道，世人呼爲『秦版』。所校勘的書有《揚子注》《奉天録》《駱賓王集》《李元賓集》《吕衡州集》《隸韻》《詞林韻釋》等。

《隸韻》輯録兩漢、魏、晋以來的碑刻，所引三代碑目合二百六十一種，其中漢碑有年號者一百七十七種。全書以楷體爲字頭，凡三千二百七十五個，字頭下輯録兩漢以來廟碑、墓碣、石經等載體上的隸字，並分注出處。所録隸體字形，多寡不一，有的三四個，有的十幾個。其成書時便頗具影響，開輯録漢代隸書字典的先河，爲正確識讀古代石刻材料提供了極大的便利。後來的《漢隸字原》《隸辨》等字書便沿襲了此書的編寫方法。此外，書中所引古代碑刻大多殘毀不存，藉助本書亦可有助瞭解部分原刻的書法面貌。

《隸韻》原書成於南宋淳熙二年（一一七五），宋刻拓本，有進書表一篇、碑目一册及正文十卷。至清嘉慶年間，尚存世三部，均係殘本：其一已知最早藏家爲范大澈，現藏國家圖書館，缺進書表、碑目，正文亦多殘缺：卷一缺二十七葉，卷二缺三十三葉半，卷三缺一葉，卷四全缺，卷五缺三十葉，卷六缺四葉半，卷七缺三十七葉，卷八缺九葉，卷九缺三十五葉，卷十缺六葉。其二據清趙晋齋（趙魏）所言曾藏天一閣，現藏上海圖書館，缺進書表半篇、碑目半册，正文僅存五卷，且均有缺葉：卷三缺九個整葉、

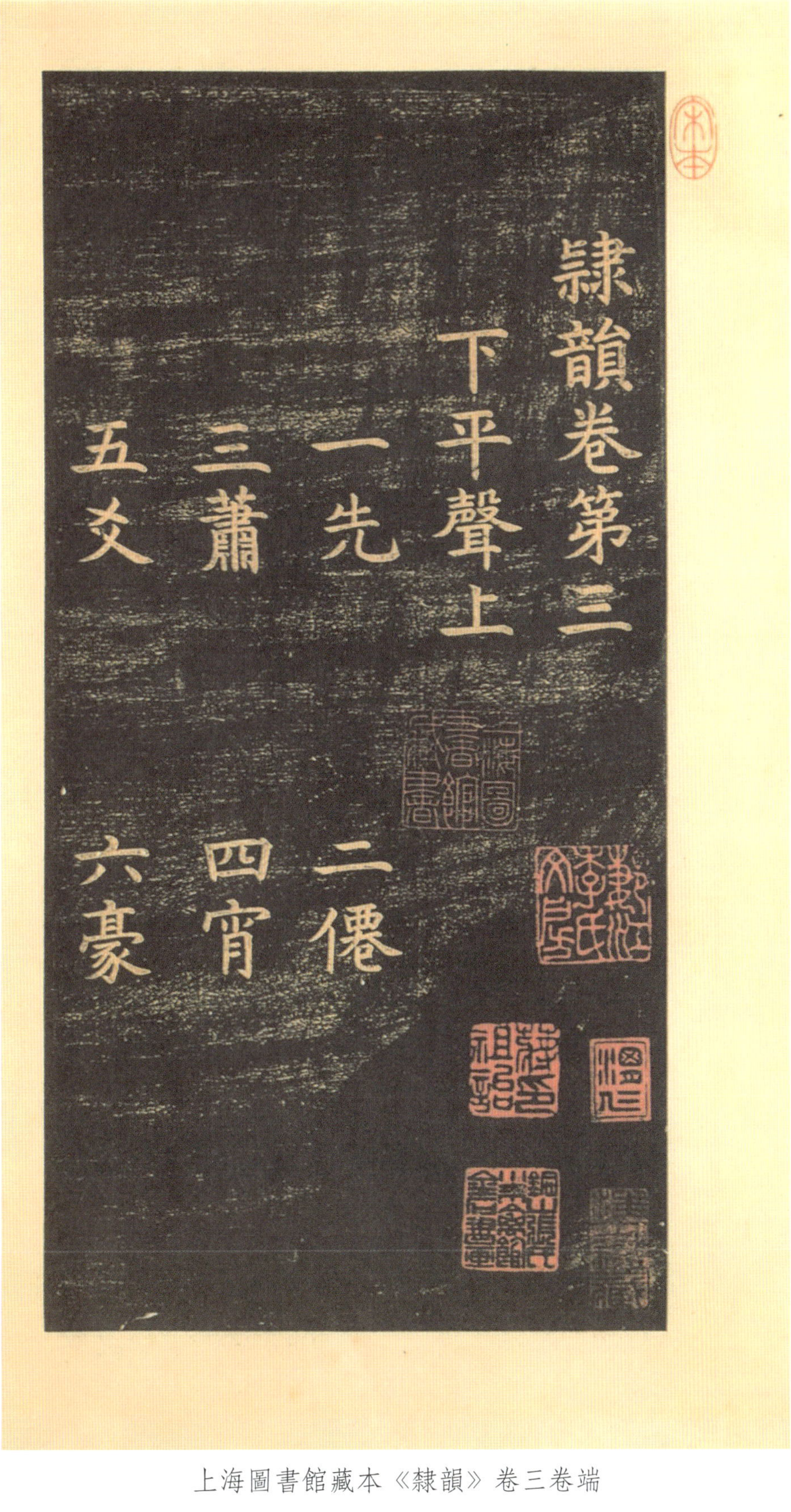

上海圖書館藏本《隸韻》卷三卷端

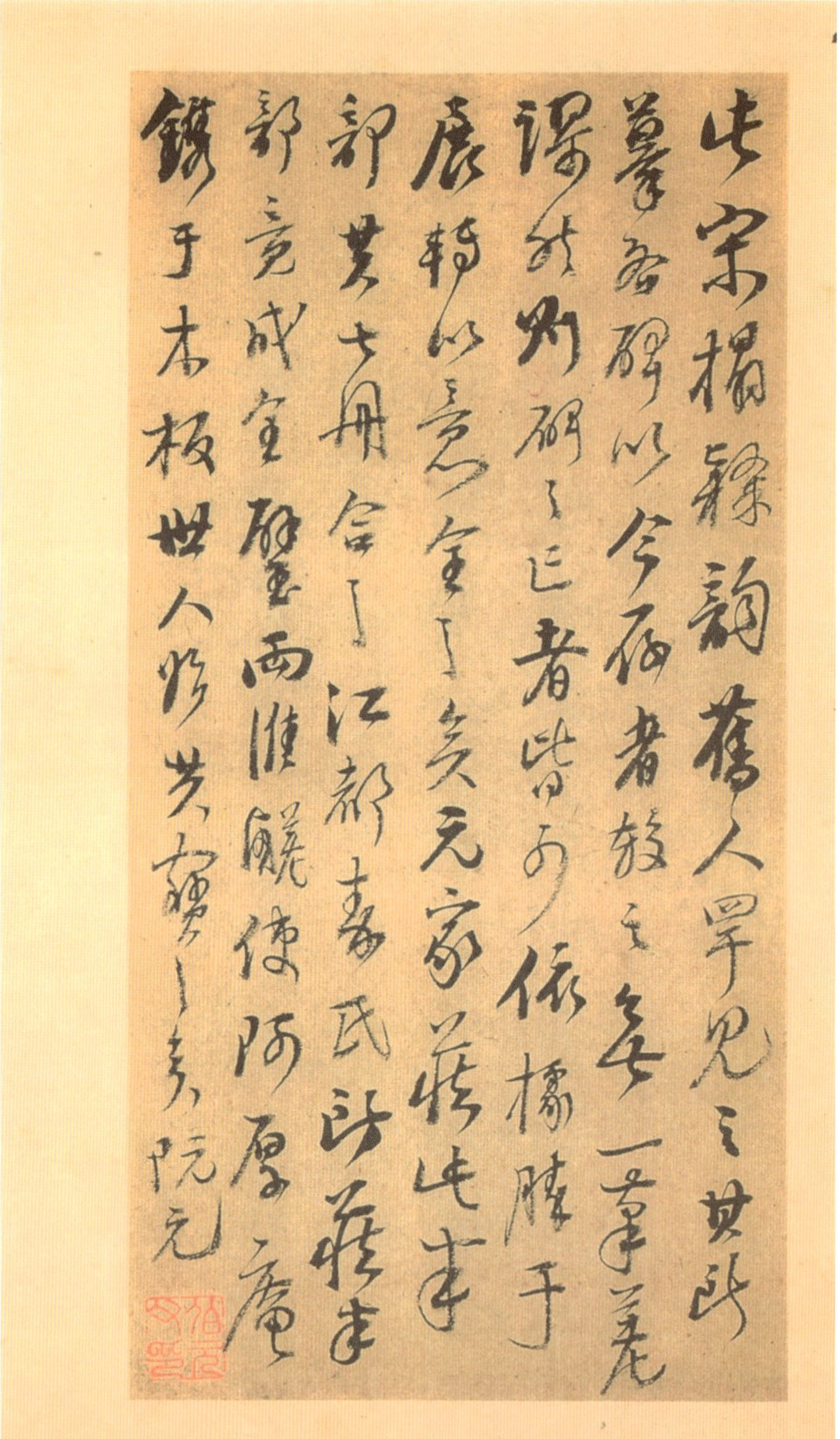

上海圖書館藏本《隸韻》阮元跋

總目録

上册

下册

上册目録

宋石刻本

隸韻

劉球纂

碑目一卷攷證一卷附

重刻淳熙隸韻序

隸韻十卷前有進表失其前幅有月日而無歲以玉海攷之知是淳熙二年劉球所表進也洪文惠之隸韻未及成書其集中有題劉氏隸韻之文即此書也洪葢譏其採字太略而未知其後婁氏字原所採漢隸實皆沿此而稍附益之婁氏書成於慶元初年嘉定壬申莆陽宋鈞重修之本尚自不苟至明末海虞毛氏汲古閣重寫重刊字形盡失今日言隸學者不

見宋槧本專据毛刻字原以爲漢隸如此且其書每字下不詳出某碑止以一二次數記之觀者既未必一一覆檢其前目又安知辨原石之合否烏焉成馬扣槃捫籥字書之誣罔舛訛莫有甚於此者而不知者尚準以爲隸書之式近日顧南原撰隸辨偶或駁正一二而顧氏未知有劉氏此刻不能詳究婁氏字原之誤所自來莫由深攷非一日矣劉韻是石刻拓本予曩於友人齋偶遇二三卷未見全帙今翰林秦

君敦夫彙得十卷厚菴鹺使鳩工精勒此書一出則所謂字原者束閣不觀可矣敦夫屬予爲作攷證附於此書之後然尚有未見諸碑也姑爲粗舉一隅可乎南原之作隸辨曰吾爲解經計今亦不敢遽云爾也然慎闕疑而審援据或可爲吾學侶敬告之

嘉慶十五年冬十二月八日北平翁方綱識

隸韻 序 二

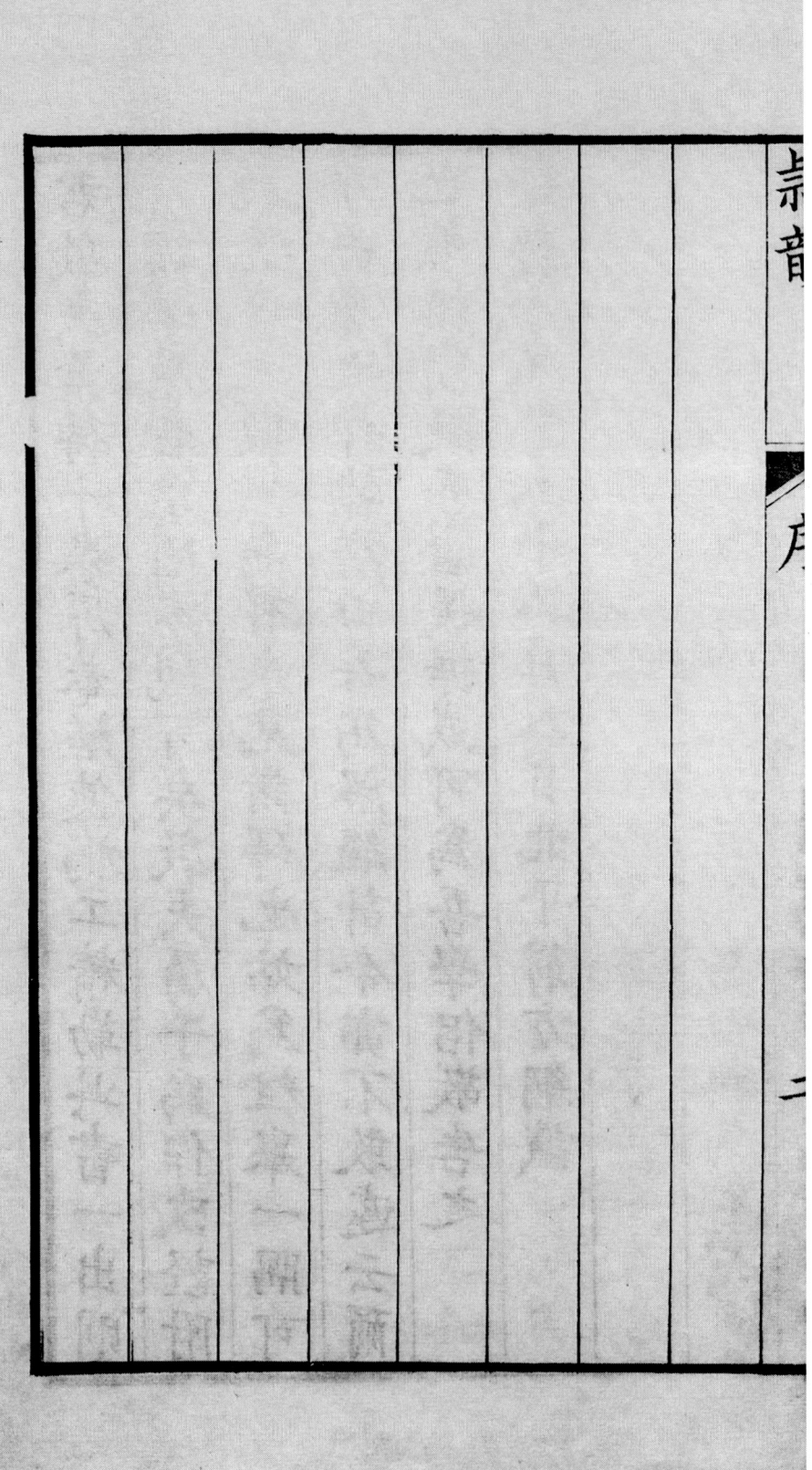

野人藏垢匿瑕敢祈求於
上聖臣謹集成隸韻五門計一十卷繕
刻墨本裝背成冊囊封隨表繳
進伏望
聖慈特賜

眷覽臣無任瞻
天望
聖激切屏營之至謹奉表以
聞臣球誠惶誠懼頓首頓首謹言五月
二十日三省同奉

聖旨頒付祕書省

隷韻

表

諸碑所用□文字附本字內㕽入□之□入□之

字內皆即時入時字內

碑目

漢碑年號見本碑一百七十七

武帝

鄭三益碑 建元元年

哀帝

鄆縣五官碑 元□元年

王莽

候鉦銘 地皇二年

光武

蜀郡太守何君閣道碑 中平二年

明帝

巴官鐵盆銘 永平七年

會稽東郡路君闕銘 八年

豫州刺史路君闕銘

章帝

張偉伯穿中記 建初二年

和帝

燕然銘 永元元年

雒陽令王稚子闕二 元興元年

安帝

青衣尉趙君羊竇道碑 永初六年

謁者景君墓表碑 元初元年

謁者景君碑陰

郲令景君闕銘 四年

賜豫州刺史馮煥詔碑 六年

幽州刺史馮煥碑 永寧二年

馮煥碑陰

馮煥神道碑

耿氏鐙銘 延光四年

鐵盆銘 永建五年

陳君治道碑

順帝

北海相景君碑 漢安二年

北海景君碑陰

威宗

費亭侯曹騰碑陰 建和元年

長史武斑碑

武君石闕銘

司隸校尉楊君斜谷碑 二年

廣漢長王君石路碑

張公神碑 和平元年

祝長嚴訢碑

縣三老楊信碑

從事武梁碑 元嘉元年

武梁祠堂畫像

廣漢屬國都尉丁魴碑

平都侯相蔣君碑 二年

郎中王政碑 永興元年

孔廟置守廟百石孔龢碑

孔謙碣 二年

益州太守無名碑 永壽元年

益州太守碑陰

韓勑造孔廟禮器碑 二年

韓勑造禮器碑陰

吉成侯州輔碑

州輔碑陰

韓勑脩孔廟後碑三年

孔從事碑

郎中鄭固碑延熹元年

議郎元賓碑二年

楚相孫叔敖碑三年

孫叔敖碑陰

中常侍樊安碑

江原長進德碣

封丘令王元賓碑 四年

冀州刺史王純碑

王純碑陰

真道冢碑 五年

桐栢淮源廟碑 六年

平輿令薛君碑

山陽太守祝睦碑 七年

臨江長碑

太山都尉孔宙碑

孔宙碑陰

辛通達李仲曾造橋碑

隸韻　碑目　六

西嶽華山廟碑 八年

老子銘

祝睦後碑 九年

孟郁脩堯廟碑 永康元年

孟郁脩堯廟碑陰

孟郁脩堯廟碑側二

荆州刺史度尚碑

車騎將軍馮緄碑

靈帝

司空孔君碑 建寧元年

沛相楊統碑

楊統碑陰

竹邑侯張壽碑

衛尉衡方碑

劉君閣道題字

緜竹令王君碑

冀州從事張表碑

堵陽長劉君碑

魯相史晨祠孔廟銘 二年

史晨饗孔廟後碑

金鄉長侯成碑

宕渠令柳敏碑
淳于長夏承碑 三年
郎中馬江碑
劉脩碑 四年
武都太守李翕西狹頌
李翕黽池五瑞碑
吕國等題名碑

愽陵太守孔彪碑

孔彪碑陰

北軍中候郭仲奇碑

李君西坂碑 五年

李翕析里橋郙閣頌 熹平元年

廷尉仲君碑

東海廟碑

成陽靈臺碑

靈臺碑陰

故民吳仲山碑

司空宗俱碑 二年

宗俱碑陰

米巫祭酒張普題字

司隷校尉魯峻碑

魯峻碑陰

廣漢屬國侯李翊碑

先生婁壽碑□年

婁壽碑陰

桂陽太守周憬功勳銘

周憬碑陰

繁陽令楊君碑

楊君碑陰

帝堯碑 四年

帝堯碑陰

鄭子真舍宅殘碑

司隸校尉楊淮碑

沈子琚緜竹江堰碑 五年

斥彰長碑 六年

堂邑令費鳳碑

費鳳碑陰

金廣延母徐氏紀産碑 光和元年

樊毅脩華山亭碑 二年

太尉郭禧碑

樊毅復華下民租碑

樊毅脩華廟碑

丹陽太守郭旻碑

太尉陳球碑

陳球碑陰

陳球後碑

三公山碑 四年

童子逢盛碑

逢盛碑陰

殽阬君神祠碑

殽阬神祠碑陰

藁長蔡湛頌

無極山碑

溧陽長潘乾校官碑

安平相孫根碑

孫根碑陰

涼州刺史魏元丕碑
梁相孔耽神祠碑 五年
蔡邕石經尚書 六年
石經魯詩
石經儀禮
石經論語
石經公羊

成陽令唐扶頌

白石神君碑

种元博石虎刻字 七年

司隸從事郭究碑 中平元年

幽州刺史朱龜碑

都鄉正衛彈碑 二年

太尉劉寬碑

劉寬後碑

劉寬碑陰

劉寬後碑陰

太尉劉寬神道碑二

外黄令高彪碑

尉氏令鄭君碑 三年

鄭君碑陰

隷韻　碑目

隸韻 卷一

隸韻卷第一

上平聲上

一東　二冬

三鍾　四江

五支　六脂

隸韻　卷一　一

七之　八微

九魚　十虞

一東

東德紅切　東靈臺碑　東靈臺碑陰　東韓勑碑陰　東樊毅脩華嶽碑　東東海廟碑

東馮緄碑　東張公神碑　東孔彪碑　東楊統碑　東費鳳碑陰　東楊淮碑

東 戚伯著碑
東 孔從事碑
東 孫根碑
東 魏尊號奏碑
東 楊著碑

通 他紅切
通 石經尚書
通 孟郁脩堯廟碑
通 靈臺碑
通 樊毅脩華嶽碑
通 周憬功勳銘

通 唐扶頌
通 陳球碑
通 梁休碑
通 魯峻碑
通 孫根碑
通 魏受禪表

通 戚伯著碑
通 羊竇道碑
通 楊君斜谷碑

同 徒紅切
同 石經論語
同 華山亭碑
同 老子銘
同 綏民尉熊君碑
同 馮緄碑

同 孔耽碑後字 同 夏承碑 同 鄭烈碑

童 童 校官碑 童 婁壽碑 童 孫根碑 童 逢盛碑

桐 桐 桐柏廟碑

橦 橦 魏大饗碑

潼 潼 周公禮殿記

鮦
鮦 楊統碑
鮦 劉寬碑陰

籠 盧紅切
龍 孔耽神祠碑

蓬 蒲紅切
蓬 婁壽碑
蓬 費鳳碑
蓬 費鳳碑陰

蒙 莫紅切
蒙 史晨祠孔廟銘
蒙 魏受禪表
蒙 羊竇道碑
蒙 周憬功勳銘
蒙 孫叔敖碑
蒙 北海相景君碑
蒙 戚伯著碑

聰 倉紅切
聰 逢盛碑
聰 元賓碑
聰 李翊夫人碑
聰 鄭烈碑
聰 夏堪碑

稯 祖紅切
稯 辛李君造橋碑
稯 靈臺碑

洪 胡公切
洪 張表碑
洪 張平子碑
洪 樊毅脩華嶽碑

紅
紅 周憬功勳銘
紅 綏民尉熊君碑

鴻
鴻 石經尚書
鴻 馮緄碑
鴻 楊統碑
鴻 周憬功勳銘
鴻 魏受禪表

鴻 李翊夫人碑 鴻 費鳳碑陰 鴻 楊著碑陰

空 苦紅切 空 石經尚書 空 孔廟禮器碑 空 孔廟置卒史碑 空 馮緄碑

公 古紅切 公 石經論語 公 唐扶頌 公 孔廟置卒史碑 公 華山亭碑 公 費鳳碑陰

公 孔從事碑 公 綏民尉熊君碑 公 吳仲山碑 公 侯成碑 公 周憬功勳銘 公 張公神碑

公 魏石經左傳 公 四老神祚机碑 公 夏承碑 公 楊君斜谷碑

功 石經尚書 功 謁者景君墓表 功 夏承碑 功 周憬功勳銘 功 費鳳碑陰

功 綏民尉熊君碑 功 平輿令薛君碑 功 詔賜功臣家字 功 建平郫縣碑 功 戚伯著碑 功 魏受禪表

功 圉令趙君碑 功 孟郁脩堯廟碑 功 劉熊碑陰

工

工 樊毅脩華嶽碑 工 鄭烈碑 工 耿氏鐙字 工 孟郁脩堯廟碑

攻

攻 武梁畫像碑 攻 王君石路碑 攻 郙閣頌

翁 烏紅切　翁 周公禮殿記　翁 督郵斑碑　翁 郙閣頌

豐 敷中切　豐 史晨祠孔廟銘　豐 夏承碑　豐 交阯沈君神道　豐 郙閣頌　豐 張公神碑

豐 祝睦碑　豐 楊統碑陰　豐 王政碑　豐 義井碑陰　豐 孔宙碑

酆　酆 靈臺碑陰　酆 堯廟碑陰

風 方中切　風 帝堯碑　風 樊毅脩華嶽碑　風 孔耽神祠碑　風 張平子碑　風 綏民尉熊君碑

風 夏承碑
風 楊震碑陰
風 費鳳碑
風 周公禮殿記
風 魏脩孔子廟碑
風 唐公房碑

風 魏受禪表
風 唐扶頌
風 費汎碑
風 堯廟碑陰
風 漢鏡銘

馮 符中切
馮 華山亭碑
馮 殽阬君碑陰
馮 朱龜碑
馮 馮煥神道碑

嵩 息中切
嵩 鄭烈碑
嵩 劉寬後碑
嵩 孔廟禮器碑
嵩 尉氏鄭君碑陰

充 昌中切
充 樊毅復民租碑
充 樊毅脩華嶽碑
充 戚伯著碑
充 孫根碑
充 張納碑陰

終 之中切
終 石經論語
終 綏民尉熊君碑
終 周憬功勳銘
終 孔宙碑
終 老子銘

終 夏承碑
終 武梁畫像碑

戎 而中切
戎 燕然銘
戎 孔宙碑
戎 魏受禪表
戎 橫海呂將軍碑

崇 鉏中切亦作嵩
崇 靈臺碑
崇 綏民尉熊君碑
崇 周憬功勳銘
崇 唐公房碑
崇 魏受禪表

崇 袁良碑
崇 唐扶頌
崇 魏脩孔子廟碑

中 陟隆切
中 石經尚書
中 中山相薛君碑
中 張公神碑
中 戚伯著碑
中 侯成碑
中 費鳳碑陰
中 蔡湛頌
中 楊統碑
中 夏承碑
中 中部碑
中 高彪碑
中 唐公房碑
中 斥彰長碑

衷
衷 孔彪碑

忠
忠 石經論語
忠 唐公房碑
忠 孫叔敖碑
忠 魯峻碑
忠 北海相景君碑

忠 樊安碑 忠 夏承碑 忠 鄭固碑 忠 武梁畫像碑

沖 持中切 沖 老子銘 沖 司空殘碑

隆 良中切 隆 帝堯碑 隆 華山亭碑 隆 綏民校尉熊君碑 隆 老子銘 隆 張表碑

隆 丁魴碑 隆 王君石路碑

融 以中切 融 張表碑 融 祝睦後碑 融 皇神君碑 融 鄭烈碑 融 劉寬碑

雄 回弓切
雄 是邦雄桀碑
雄 横海呂將軍碑
雄 劉熊碑陰

熊
熊 靈臺碑陰
熊 綏民尉熊君碑
熊 魏受禪表
熊 劉熊碑

弓 居中切
弓 韓勑碑陰
弓 孔從事碑
弓 魏大饗碑

躬
躬 石經論語
躬 靈臺碑
躬 華山亭碑
躬 周憬功勳銘
躬 桐柏廟碑

躳 張表碑
躳 北海相景君碑
躳 郙閣頌

宫 宫 石經論語 宫 殽阬君碑陰

穹 丘中切 穹 靈臺碑 穹 柳敏碑 穹 宗俱碑

窮 渠弓切 窮 孔廟置卒史碑 窮 周憬功勳銘 窮 張表碑 窮 鄭烈碑 窮 梁休碑

窮 魏受禪表 窮 楊震碑 窮 劉寬後碑 窮 楊著碑 窮 北海相景君碑

二冬

隸韻 卷一 八

冬 都宗切
冬 華山亭碑
冬 周憬功勳銘
冬 樊毅脩華嶽碑
冬 李翕西坂碑

農 奴宗切
農 孔廟置卒史碑
農 張君墓道碑
農 綏民尉熊君碑
農 樊毅脩華嶽碑
農 高彪碑
農 老子銘
農 楊君斜谷碑
農 許戫夫人碑

宗 祖冬切
宗 石經尚書
宗 楊宗墓道碑
宗 華山亭碑
宗 元賓碑
宗 戚伯著碑

賨 徂宗切
賨 是邦雄桀碑
賨 馮緄碑

琮 琮 崇饗 孔廟碑

三鍾

鍾 諸容切 鍾 孫叔敖碑 鍾 校官碑 鍾 夏承碑 鍾 武梁畫像碑

鐘 鐘 張納功德叙 鐘 繁陽令楊君碑 鐘 劉寬碑陰

衝 昌容切 衝 鄭烈碑 衝 王君石路碑

蹤 將容切 蹤 費鳳碑 蹤 費鳳碑陰 蹤 唐扶頌

松 祥容切 松 殽阬君碑陰 松 費鳳碑陰 松 李翊碑 柗 孫叔敖碑陰

從 牆容切 従 石經公羊碑 従 李翊碑 従 唐扶頌 従 袁良碑 従 孫叔敖碑

従 華山亭碑 従 孔廟置卒史碑 従 元賓碑 从 無極山碑 従 史晨祠孔廟銘 𨔵 校官碑

従 夏承碑 従 唐公房碑 従 羊竇道碑

鋒 敷容切 鋒 魏大饗碑

烽 烽 鄭烈碑

蠭 蠭 周公禮殿記 蠭 李翊夫人碑

重 傳容切 重 孫叔敖碑 重 馮緄碑

龍 盧容切 龍 帝堯碑 龍 唐扶頌 龍 周公禮殿記 龍 元賓碑 龍 華山亭碑

龍 高彪碑 龍 辛李君造橋碑 龍 楊君斜谷碑 龍 夏堪碑

容 餘封切 容 綏民尉熊君碑 容 戚伯著碑 容 孫根碑 容 李翕西狹頌 容 孫叔敖碑

容 魏元丕碑 容 朱龜碑 容 張平子碑 容 校官碑

庸 庸 樊安碑 庸 郭究碑

鎔 鎔 司空殘碑

封 方容切　封 繆民尉熊君碑　封 孫叔敖碑　封 孫根碑

逢 符容切　逢 華山亭碑

縫　縫 郭旻碑

恭 居容切　恭 石經尚書　恭 華山亭碑　恭 樊毅復民租碑　恭 麃盍恭闕碑　恭 孔宙碑

恭 孫叔敖碑　恭 張納功德叙　恭 張納碑陰　恭 樊安碑　恭 李翊夫人碑　恭 觴豆碑陰

供 供 華山亭碑

龔 龔 張納碑陰 龔 韓勑碑陰

匈 許容切 或作匈 匈 魏大饗碑

凶 凶 石經尚書

兇 兇 丁魴碑

雍 於容切 亦作雝 雍 桐柏廟碑 雍 孫根碑 雍 李翊碑 雍 張平子碑 雍 樊毅脩華嶽碑

雝 徐氏紀產碑 雝 孟郁脩堯廟碑

灉 灉 沈子琚江堰碑

廱 廱 史晨祠孔廟銘 廱 樊毅脩華嶽碑 廱 唐扶頌 廱 孔宙碑 廱 李翊夫人碑

御名敬謹避寫

隸韻 卷一

邛 渠容切
邛 何君閣道碑
邛 魏大饗碑

四江

江 古雙切
江 樊毅脩華嶽碑
江 孫叔敖碑
江 費鳳碑陰
江 唐房碑陰

邦 悲江切
邦 是邦雄桀碑
邦 北海相景君碑
邦 劉熊碑
邦 袁良碑
邦 華山亭碑
邦 郭仲奇碑
邦 周憬功勳銘
邦 孟郁脩堯廟碑
邦 魏大饗碑

龐 皮江切　龎 龐公神道碑　龎 孔從事碑　龎 劉寬碑陰

逄　逄 逄盛碑陰

厖 莫江切　厖 衡方碑

雙 踈江切　雙 孫根碑　雙 武榮碑

瀧 閭江切　瀧 周憬功勳銘

五支

支 章移切

支 綏民尉熊君碑

支 校官碑

支 太僕荀君碑陰

枝

枝 侯成碑

枝 張納功德敘

枝 劉熊碑

枝 樊毅脩華嶽碑

施 商移切

施 石經論語

施 費鳳碑陰

施 孫根碑

炊 昌爲切

炊 孟郁脩堯廟碑

衰 初危切 衰 石經論語 衰 李翊夫人碑 衰 史晨祠孔廟銘 衰 樊敏碑 衰 殽阬君碑

垂 是爲切 垂 靈臺碑 垂 孔廟置卒史碑 垂 樊毅脩華嶽碑 垂 校官碑 垂 樊敏碑

垂 元賓碑 垂 劉熊碑 垂 夏承碑 垂 費鳳碑 垂 高彪碑 垂 富春丞張君碑

垂 魏大饗碑 垂 楊震碑 垂 逢盛碑 垂 劉寬碑 垂 張平子碑 垂 孔宙碑

兒 如支切 兒 楊統碑陰

斯 息移切
斯 石經論語
斯 鄭固碑
斯 元賓碑
斯 華山亭碑
斯 樊毅脩華嶽碑
斯 李翕西狹頌
斯 魏脩孔子廟碑

貲 即移切
貲 是邦雄桀碑

訾
訾 周憬功勳銘
訾 徐氏紀產碑

隨 旬爲切
隨 老子銘
隨 劉熊碑
隨 唐扶頌
隨 周憬功勳銘
隨 張平子碑

知 珍離切

知 石經論語

知 靈臺碑

知 孫根碑

知 侯成碑

知 綏民尉熊君碑

知 馮緄碑

知 老子銘

知 李翕西狹頌

知 魏受禪表

知 吳仲山碑

摛 抽知切

摛 元賓碑

螭 燕然銘

馳 陳知切

馳 唐公房碑

馳 魏大饗碑

馳 鄭烈碑

池 池孫叔敖碑 池華山亭碑 池樊毅脩華嶽碑 池沈子琚江堰碑

離鄰知切 離周公禮殿記 離張納功德敘 離孔廟禮器碑 離費鳳碑陰 離老子銘

離武梁畫像碑

羅 羅鄭烈碑 羅譙敏碑

孋 孋郭輔碑

猗 於宜切
猗 劉熊碑

宜 魚奇切
宜 老子銘
宜 劉熊碑
宜 器物銘

儀
儀 樊毅脩華嶽碑
儀 孫叔敖碑
儀 李翕西狹頌
儀 孔宙碑
儀 楊統碑
儀 朱龜碑
儀 戚伯著碑
儀 楊統碑陰
儀 魏受禪表
儀 張平子碑
儀 北海相景君碑

爲 于嬀切
爲 石經公羊
爲 朱龜碑
爲 樊毅脩華嶽碑
爲 史晨祠孔廟銘
爲 馮緄碑

爲 孫叔敖碑 爲 夏承碑 爲 魏脩孔子廟碑 爲 楊淮碑

虧 驅爲切 虧 老子銘 虧 魏元丕碑 虧 北海相景君碑

危 虞爲切 危 王君石路碑 危 羊竇道碑 危 費鳳碑陰 危 李翕坂碑 危 北海相景君碑

峗 峗 周憬功勳銘

六脂

祗 旨夷切
祗 石經尚書
祗 孔宙碑
祗 張表碑
祗 鄭烈碑

尸 升脂切
尸 燕然銘

蓍
蓍 鄭固碑

師 霜夷切
師 孔廟置卒史碑
師 史晨祠孔廟銘
師 唐公房碑
師 平都侯蔣君碑
師 魯峻碑

師 楊統碑
師 老子銘
師 武梁畫像碑
師 燕然銘
師 靈臺碑

榱 所追切
榱 史晨祠孔廟銘

推 川隹切
推 費鳳碑
推 劉寬碑
推 李翕西狹碑

誰 視隹切
誰 張納碑陰
誰 鄭固碑
誰 吳仲山碑

私 相咨切
私 校官碑

綏 宣隹切
綏 石經尚書
綏 馮緄碑
綏 張納功德叙
綏 孔宙碑
綏 楊君斜谷碑

雖

雖 石經論語 雖 唐公房碑 雖 孫叔敖碑 雖 史晨祠孔廟銘 雖 劉熊碑

雖 郙閣頌 雖 楊統碑 雖 魏大饗碑

咨 津夷切 亦作諮

咨 華山廟碑 咨 周憬功勳銘 咨 校官碑 咨 劉熊碑 咨 元賓碑

諮 郭究碑 咨 魏脩孔子廟碑

資

資 袁良碑

姿

姿 魏受禪表

姿 李翕西狹頌

姿 孔謙碣

粢

粢 無極山碑

粢 張平子碑

追 中葵切

追 石經論語

追 樊安碑

追 帝堯碑

追 孔耽神祠碑

追 李翊碑

追 張納功德敘

追 綏民尉熊君碑

追 楊淮碑

絺 抽遲切

絺 婁壽碑

遲 陳尼切
遲 孔廟禮器碑
遲 費鳳碑
遲 魏尊號奏碑

梨 良脂切
梨 高頤碑

黎
黎 張納功德叙
黎 桐栢廟碑

藜
藜 孫叔敖碑

犂
犂 樊毅脩華嶽碑
犂 張表碑

夷 延知切 石經論語 唐扶頌 帝堯碑 馮緄碑 李翊碑

夷 孔宙碑 張納功德叙

𢓊 婁壽碑

彝 劉熊碑 孔宙碑 孫根碑 魏元丕碑 橫海呂將軍碑

惟 夷佳切 石經論語 帝堯碑 史晨祠孔廟銘 謁者景君墓表 李翕西狹頌

惟 惟孔宙碑 惟夏承碑 惟辛李君造橋碑 惟燕然銘 惟王君路碑 惟北海相景君碑

維 維石經尚書 維羊竇道碑 維張納功德叙 維魏受禪表

遺 遺老子銘 遺祝睦後碑 遺楊著碑

壝 壝魏大饗碑

唯 唯張納功德叙 唯老子銘

帷 于龜切
帷 州輔碑

伊 於夷切
伊 石經尚書
伊 劉熊碑
伊 劉寬後碑
伊 楊著碑

飢 居夷切
飢 樊毅復民租碑
飢 魏上尊號奏碑

龜 居逵切
龜 帝堯碑
龜 靈臺碑
龜 唐公房碑陰
龜 校官碑
龜 張納碑陰
龜 朱龜碑
龜 戚伯著碑
龜 魏受禪表
龜 綏民尉熊君碑
龜 魏石經左傳

羸 倫爲切 羸 郭仲奇碑

陂 班糜切 陂 沈子琚江堰碑

碑 碑 孫根碑 碑 衡方碑 碑 綏民尉熊君碑 碑 孫叔敖碑 碑 唐扶頌

碑 費鳳碑陰 碑 楊統碑 碑 戚伯著碑 碑 雍勸闕碑

皮 蒲糜切 皮 張納功德叙 皮 劉熊碑陰

郫 郫 建平郫縣碑 郫 公乘伯喬題名

縻 忙皮切 縻 周憬功勳銘

卑 賓彌切 卑 樊毅脩華嶽碑 卑 華山亭碑 卑 校官碑 卑 朱龜碑 卑 魏大饗碑

裨 裨 孫根碑 裨 横海呂將軍碑

埤 頻彌切 埤 李翕西狹頌 埤 唐扶頌

彌 民卑切

彌 楊君斜谷碑

彌 王君石路碑

彌 張表碑

彌 孔廟禮器碑

彌 孔廟置卒史碑

彌 繁陽令楊君碑

彌 靈臺碑

彌 費鳳碑陰

弥

弥 張納碑陰

移 余支切

移 綏民尉熊君碑

移 樊安碑

移 繁陽令楊君碑

移 郭仲奇碑

移 武梁畫像碑

祇 翹移切

祇 樊毅脩華嶽碑

祇 桐柏廟碑

祇 楊震碑

祇 武梁畫像碑

祁

祁 侯成碑

岐

岐 婁壽碑

岐 綏民尉熊君碑

岐 校官碑

岐 魏大饗碑

闚 鈌規切

闚 孟郁脩堯廟碑

闚 吴仲山碑

窺

窺 石經論語

規 均窺切

規 靈臺碑

規 周憬功勳銘

規 老子銘

規 劉熊碑

犧 虛宜切
犧 帝堯碑
犧 魏受禪表

義
義 老子銘

奇 渠宜切
奇 孫叔敖碑
奇 劉熊碑
奇 魏受禪表

錡
錡 孔從事碑
錡 州輔碑

琦
琦 樊毅脩華嶽碑
琦 孫根碑
琦 孔廟禮器碑

耆 渠伊切 耆 老子銘 耆 唐公房碑 耆 郭究碑

葵 渠惟切 葵 唐扶頌 葵 劉脩碑

逵 渠龜切亦作馗 馗 華山亭碑

夔 夔 劉寬碑

丕 攀悲切 丕 劉熊碑 丕 劉寬後碑

悲 逋眉切 悲 周憬功勳銘 悲 夏承碑 悲 戚伯著碑 悲 費鳳碑陰

毗 頻脂切 毗 郭究碑 毗 劉寬碑

邳 貧悲切 邳 靈臺碑 邳 楊淮碑 邳 孔彪碑

眉 旻悲切 眉 李翊夫人碑 眉 費汎碑 眉 孔彪碑

麋 麋 王純碑 麋 北海相景君碑

尼女夷切 尼石經論語 尼孔讌碣 尼史晨祠孔廟銘 尼桐栢廟碑 尼呂國等題名碑

尼祝睦後碑

七之

之眞而切 之石經尚書 之帝堯碑 之靈臺碑 之老子銘 之周公禮殿記

之度尚碑 㞢校官碑 之元賓碑 之李翕西狹頌 㞢魏元丕碑 之史晨祠孔廟碑

之華山亭碑 之夏承碑 之樊毅脩華嶽碑 㞢三公山碑 之戚伯著碑

芝唐公房碑 芝張表碑 芝魏受禪表 芝王純碑陰 芝冀州郭從事碑

緇莊持切 緇州輔碑

輜 輜燕然銘

詩申之切 詩郙閣頌 詩綏民尉熊君碑 詩夏承碑

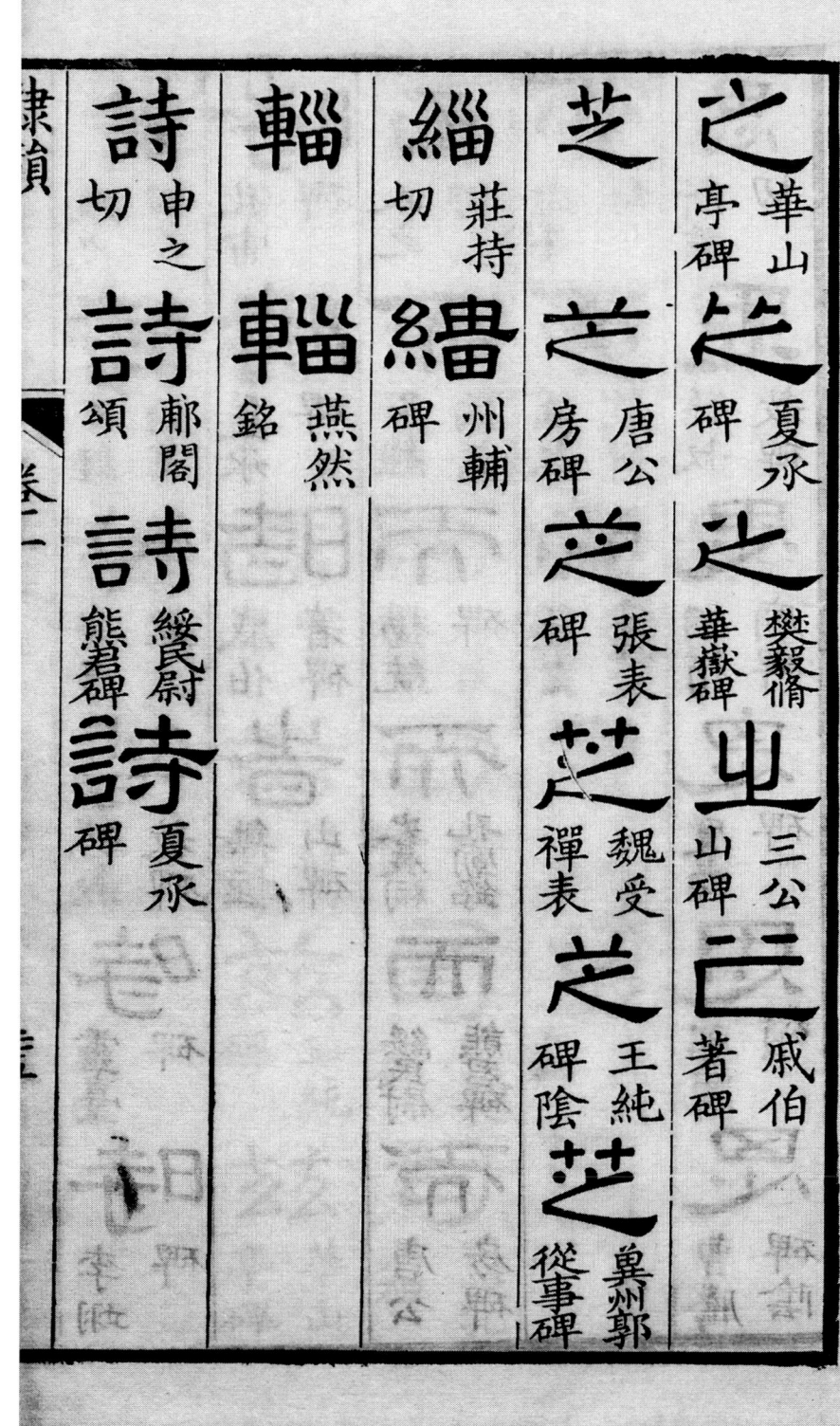

時 辰之切
時 石經尚書
時 老子銘
時 孫叔敖碑
時 靈臺碑
時 李翊碑
時 孔宙碑
時 夏承碑
時 戚伯著碑
旹 無極山碑
而 人之切
而 石經論語
而 楊統碑
而 史晨祠孔廟銘
而 綏民尉熊君碑
而 唐公房碑
而 老子銘
而 孫叔敖碑
而 武梁畫像碑
思 新茲切
思 孫叔敖碑
思 桐栢廟碑
思 度尚碑
思 郙閣頌
思 曹騰碑陰

絲
絲 周憬功勳銘
絲 張納功德叙

司
司 石經尚書
司 靈臺碑
司 孔廟置卒史碑
司 李翊夫人碑
司 元賓碑
司 侯成碑
司 袁良碑
司 唐扶頌
司 楊著碑
司 許馘夫人碑
司 司空孔君碑

兹 津之切
兹 石經尚書
兹 靈臺碑
兹 樊毅脩華嶽碑
兹 王純碑
兹 華山亭碑
兹 孔宙碑
兹 張平子碑
兹 楊統碑

孜

孜 劉熊碑

孜 魏受禪表

孳

孳 武斑碑

孳 冀州郭從事碑

滋

滋 樊毅復民租碑

滋 張納功德叙

滋 元賓碑

滋 侯成碑

詞 詳兹切

詞 婁壽碑

辭

辭 殽阬君碑

辭 夏承碑

辭 張納功德叙

辭 華山亭碑

辭 祝睦後碑

辭 元賓碑 辭 楊君斜谷碑

辤 辭 孔廟置卒史碑 辭 張納碑陰 辭 白石神君碑 辭 孫根碑

祠 祠 靈臺碑 祠 孔廟置卒史碑 祠 華山亭碑 祠 李翊夫人碑 祠 孔宙碑

祠 馮緄碑 祠 孫叔敖碑

慈 牆之切 慈 張納功德敘 慈 侯成碑 慈 劉熊碑

持 澄之切

持 冀州郭從事碑

持 戚伯著碑

持 馬江碑

持 魏大饗碑

釐 陵之切

釐 帝堯碑

釐 魏受禪表

頤 盈之切

頤 鄭固碑

頤 高頤碑

貽

貽 校官碑

貽 楊震碑

詒

詒 楊統碑

怡

怡 華山亭碑

怡 張表碑

僖 虛其切

僖 衷良碑

僖 鄭烈碑

僖 魏脩孔子廟碑

熹

熹 靈臺碑

熹 桐栢廟碑

熹 周憬功勳銘

熹 孫叔敖碑

禧

禧 周憬碑陰

禧 楊統碑陰

禧 觴豆碑陰

禧 郭禧碑

熙

熙 孔宙碑

熙 燕然銘

熙 劉寬碑

熙 劉寬後碑

欺 丘其切　欺 魏元丕碑

姬 居之切　姬 孫叔敖碑　姬 李翊夫人碑　姬 張納功德叙

朞　朞 魯峻碑　朞 魏受禪表　朞 斥彰長碑

基　基 靈臺碑　基 華山亭碑　基 費鳳碑陰　基 楊統碑　基 孫根碑

基 費汎碑　基 周憬功勳銘　基 綏民尉熊君碑　基 楊著碑

箕 其李翊碑 其樊敏碑

醫於其切 醫郎中郭君碑 醫楊淮碑 醫許戫夫人碑

疑魚其切 疑朱龜碑 疑校官碑 疑楊著碑

嶷 嶷桐栢廟碑 嶷孫根碑 嶷婁壽碑

其渠之切 其石經尚書 其綏民尉熊君碑 其唐公房碑 其華山亭碑 其周憬功勳銘

其 元賔碑
其 袁良碑
其 劉脩碑
其 夏承碑
其 楊統碑
其 費鳳碑

其 逢盛碑
其 張平子碑
其 楊君斜谷碑

期
期 孫叔敖碑
期 戚伯著碑
期 夏承碑
期 費鳳碑陰

棋 亦作棊
棋 督郵斑碑
棊 冀州郭從事碑

旗
旗 魏大饗碑
旗 魏受禪表
旗 太僕荀君碑

綦 綦 楊震碑陰 綦 劉寬碑陰

蘄 蘄 楊統碑陰

祺 祺 觴豆碑陰 祺 吕國等題名碑

麒 麒 觴豆碑陰 麒 麟鳳碑

騏 騏 夏堪碑

八微

微 無非切
微 平都侯蔣君碑
微 劉寬後碑
微 劉熊碑
微 魏受禪表
微 老子銘

菲 芳微切
菲 張納功德叙

妃
妃 郭輔碑
妃 孔廟禮器碑

非 匪微切
非 石經公羊
非 老子銘

飛 通用蜚　飛 唐扶頌　飛 郭究碑　飛 夏承碑　飛 李翊夫人碑　蜚 夏堪碑

肥 符非切　肥 樊毅復民租碑　肥 老子銘　肥 鄭烈碑

機 居希切　機 周公禮殿記　機 老子銘　機 鄭烈碑　機 劉寛碑　機 魏受禪表

幾　幾 石經尚書　幾 高彪碑　幾 郭究碑　幾 魏受禪表

譏　譏 樊毅復民租碑　譏 樊毅脩華嶽碑　譏 老子銘

饑 饑孔彪碑

歸居韋切 歸老子銘 歸衡方碑 歸孔廟置卒史碑 歸唐公房碑 歸綏民尉熊君碑

歸孫根碑 歸羊竇道碑 歸繁陽令楊君碑 歸夏承碑 歸馮緄碑 歸劉熊碑

歸楊淮碑 歸樊敏碑 歸北海相景君碑

希香衣切 希夏堪碑 希繁陽楊君碑陰

欷

欷 北海相景君碑

欷 楊震碑

睎

睎 楊統碑

暉 吁韋切

暉 綏民尉熊君碑

暉 度尚碑

暉 孫根碑

暉 繁陽令楊君碑

煇

煇 韓勑碑陰

煇 孟郁脩堯廟碑

煇 吳仲山碑

揮

揮 袁良碑

徽
徽 劉熊碑
徽 劉寬碑
徽 朱龜碑
徽 魏受禪表

翬
翬 石經公羊
翬 華山亭碑

衣 於希切
衣 羊竇道碑
衣 王純碑
衣 魏尊號奏碑
衣 陳度碑

依
依 史晨祠孔廟銘
依 靈臺碑

威 於非切
威 石經論語
威 華山亭碑
威 樊毅脩華嶽碑
威 綏民尉熊君碑
威 楊統碑

威 孫根碑 威 繁陽令楊君碑 威 樊敏碑 威 鄭烈碑 威 北海相景君碑

沂 魚衣切 沂 郭究碑 沂 辛李君造橋碑 沂 孔從事碑

巍 語韋切 巍 孔廟置卒史碑 巍 孟郁脩堯廟碑

祈 渠希切 祈 史晨祠孔廟銘 祈 華山廟碑 祈 孟郁脩堯廟碑

頎 頎 繁陽令楊君碑 頎 楊著碑

畿
畿 袁良碑
畿 張壽碑
畿 北嶽祠堂頌

崎
崎 桐柏廟碑

韋 于非切
韋 韓勑碑陰
韋 韋氏神道碑

違
違 華山亭碑
違 樊毅復民租碑
違 平都侯蔣君碑
違 冀州郭從事碑

闈
闈 繁陽令楊君碑

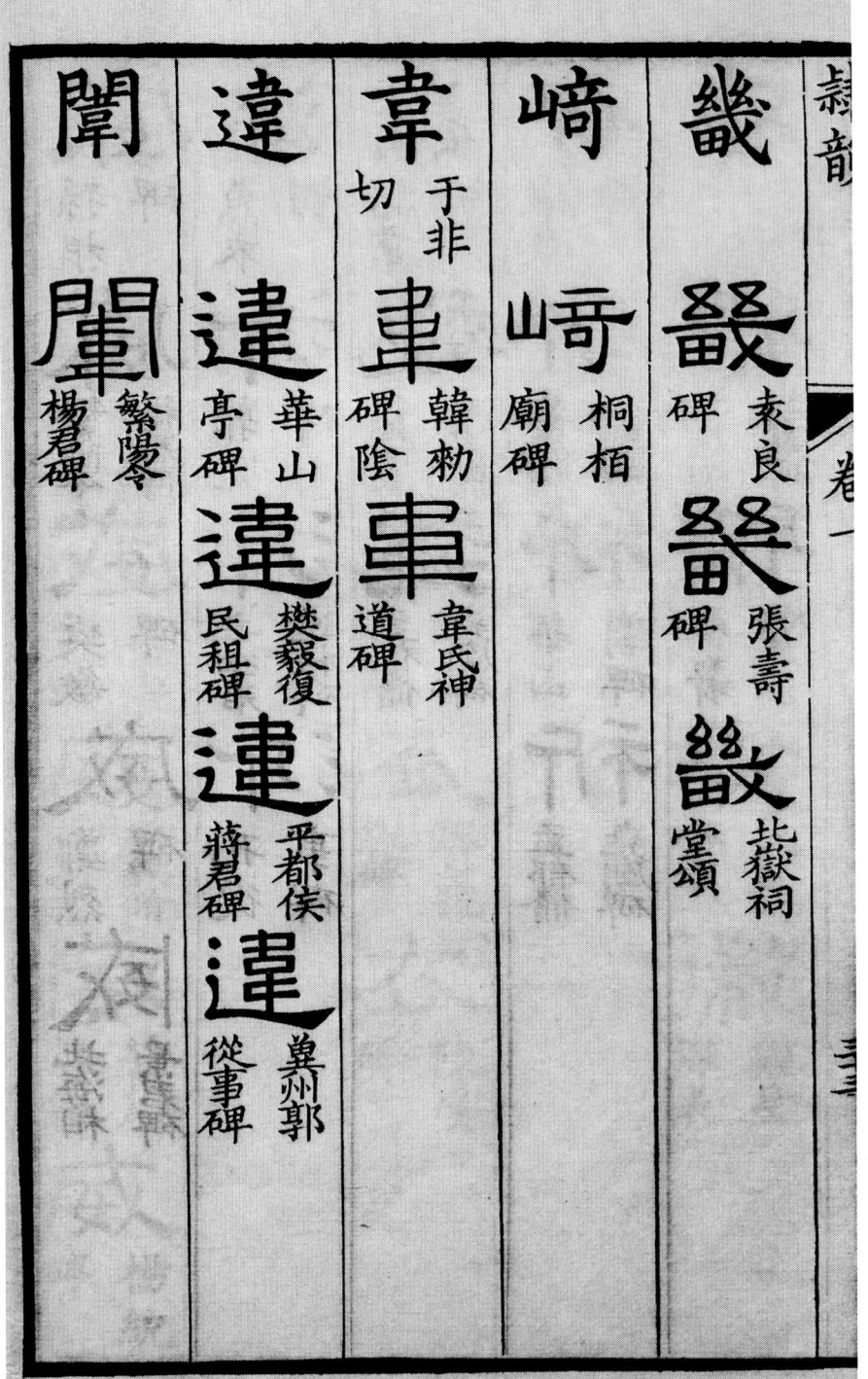

圍

圍 石經公羊

圍 楊君斜谷碑

九魚

魚 牛居切

魚 靈臺碑

魚 綏民尉熊君碑

魚 楊震碑

漁

漁 帝堯碑

漁 斥彰長碑

於 衣虛切

於 石經尚書

於 帝堯碑

於 綏民尉熊君碑

於 華山亭碑

於 周憬功勳銘

於 孫根碑 扵 鄭固碑 扵 楊君斜谷碑 扵 王元賓碑

虛 休居切 虗 華山廟碑 虗 綏民尉熊君碑 虗 老子銘 虗 唐扶頌 虗 張納功德叙

虗 侯成碑 虗 費鳳碑陰

歔 歔 北海相景君碑 歔 楊震碑

噓 嘘 逢盛碑

墟 止於切 墟 張平子碑

居 斤於切 居 石經論語 居 平都侯蔣君碑 居 唐公房碑 居 劉熊碑

琚 琚 沈子琚江堰碑

車 車 華山亭碑

渠 求於切 渠 張納碑陰 渠 張平子碑

胥 新於切 胥 石經尚書 胥 孔廟禮器碑 胥 校官碑 胥 張納碑陰 胥 朱龜碑

胥 戚伯著碑 胥 楊震碑陰

沮 千余切 沮 張納功德叙 沮 魏脩孔子廟碑

坥 坥 周公禮殿記

徐 祥余切 徐 張納碑陰 徐 衷良碑 徐 馮緄碑

蔬 山於切 蔬 婁壽碑

踈 亦作疏 踈 周憬功勳銘 䟽 魯峻碑 䟽 劉熊碑

書 商居切 書 石經公羊 書 夏承碑 書 帝堯碑 書 馮煥神道碑 書 楊君斜谷碑

書 馮緄碑 書 孔廟置卒史碑

舒 舒 老子銘 舒 何君閣道碑 舒 劉熊碑

初 楚居切
初 華山亭碑
初 老子銘
初 武梁畫像碑
初 張表碑
初 孔從事碑
初 魏脩孔子廟碑
初 斥彰長碑

諸 專於切
諸 石經論語

鉏 牀魚切
鉏 樊敏碑

如 人余切
如 侯成碑
如 夏承碑
如 楊著碑
如 北海相景君碑
如 吳仲山碑

茹 茹樊敏碑 茹高頤碑 茹謁者景君墓表

攄抽居切 攄郭究碑 攄燕然銘

除陳如切 除孔廟置卒史碑 除羊竇道碑 除樊毅脩華嶽碑 除夏承碑

儲 儲鄭固碑 儲魏受禪表

閭淩如切 閭唐扶頌 閭樊敏碑

廬
廬 韓勑碑陰
廬 老子銘
廬 范式碑

予 羊諸切
予 石經論語
予 祝睦後碑

歟
歟 劉熊碑

輿
輿 費鳳碑陰
輿 樊安碑
輿 孫根碑

餘
餘 繁陽令楊君碑
餘 史晨祠孔廟銘
餘 孫叔敖碑
餘 樊毅復民租碑
餘 夏承碑

餘 魏尊號奏碑

璵

璵 楊統碑

十虞

虞 元俱切

虞 袁良碑

虞 孫根碑

虞 秦頡碑

虞 魏尊號奏碑

虞 王純碑

愚

愚 孔廟置卒史碑

愚 李翕西狹頌

愚 費鳳碑陰

愚 魏尊號奏碑

娛 娛 李翊碑 娛 魯峻碑

嵎 嵎 張納碑陰 嵎 李翊碑

隅 隅 婁壽碑 隅 劉寬碑 隅 劉寬後碑

堣 堣 綏民尉熊君碑

于 雲俱切 于 石經論語 于 帝堯碑 于 靈臺碑 于 孔廟置卒史碑 于 張納功德叙

于 郙閣頌 亐 李翕西狹頌 亐 戚伯著碑 亐 華山亭碑 亐 樊安碑

紆 邕俱切 紆 州輔碑

蓲 蓲 石經魯詩

區 虧于切 區 朱龜碑 區 燕然銘 區 鄭烈碑

嶇 嶇 桐柏廟碑

傴 傴 周憬功勳銘

拘 恭于切 拘 張納功德敘 拘 李翕坂碑

驅 驅 朱龜碑 驅 譙敏碑

軀 軀 徐氏紀產碑 軀 周憬功勳銘

摳 摳 唐扶頌

俱

俱 郭究碑
俱 唐公房碑
俱 戚伯著碑
俱 郙閣頌
俱 唐扶頌

駒

駒 費鳳碑陰

劬 權俱切

劬 郙閣頌

朐

朐 雍勸闕碑
朐 華山亭碑
朐 張納碑陰

衢

衢 孫根碑
衢 苑鎮碑
衢 魏上尊號奏碑
衢 張平子碑

敷 芳無切　敷 周憬功勳銘　敷 孔從事碑　敷 張納功德敘　敷 魏受禪表　敷 孟郁脩堯廟碑

孚　孚 劉衡碑

夫 風無切　夫 石經公羊　夫 綏民尉熊君碑　夫 周公禮殿記　夫 費鳳碑　夫 李翊夫人碑

扶 馮無切　扶 唐扶頌　扶 劉熊碑　扶 呂國等題名碑

苻　苻 靈臺碑　苻 老子銘　苻 郭仲奇碑　苻 李翕西狹頌　苻 北海相景君碑

無 微夫切亦作无
無 石經尚書
無 楊統碑
無 綏民尉熊君碑
無 孔廟置卒史碑
無 羊竇道碑

無 史晨祠孔廟銘
无 老子銘
無 魏脩孔子廟碑
無 衷良碑
无 孟郁脩堯廟碑
无 李翕西狹頌

毋
毋 石經論語
毋 魯峻碑

巫
巫 樊敏碑

誣
誣 樊安碑

須 詢趨切
湏 唐扶頌
湏 唐公房碑

需
需 孔彪碑

趨 逡須切
趍 殽阬君碑
𧼧 校官碑
趨 繁陽令楊君碑
趍 李翕西狹頌

輸 舂朱切
輸 張納功德叙
輸 楊君斜谷碑

樞 舂朱切
樞 婁壽碑
樞 劉熊碑

朱 鍾輸切 朱 馮緄碑 朱 戚伯著碑

珠 珠 周憬功勳銘 珠 張平子碑 珠 冀州郭從事碑

殊 慵朱切 殊 楊統碑 殊 樊毅脩華嶽碑 殊 元賓碑 殊 李翊碑 殊 老子銘

殊 平都侯蔣君碑 殊 鄭固碑

銖 銖 孫叔敖碑

洙 洙 劉寬碑

儒 汝朱切 儒 華山亭碑 儒 平都侯蔣君碑 儒 孔宙碑 儒 魯峻碑 儒 劉寬碑

儒 繁陽令楊君碑

濡 濡 衡方碑 濡 州輔碑 濡 孟郁脩堯廟碑

株 追朱切 株 孔從事碑

誅 誅樊毅脩華嶽碑 誅馮緄碑

廚 重株切 㕑大饗記殘碑 㕑器物銘

俞 容朱切 俞劉熊碑 俞繁陽令楊君碑 俞魏大饗碑

逾 亦作踰 踰石經論語 踰樊毅脩華嶽碑 踰劉熊碑 踰楊統碑 踰劉寬碑

渝 渝州輔碑 渝李君西坂碑

愉
愉　繁陽令楊君碑

瑜
瑜　楊震碑陰

榆
榆　武梁畫像碑

臾
臾　唐公房碑

郙
郙　華山廟碑

隸韻卷第一終

隸韻卷一

隸韻卷第二

上平聲下

十一模　十二齊

十三佳　十四皆

十五灰　十六咍

十七眞　十八諄

十九臻　二十文

二十一欣　二十二元

二十三魂　二十四痕

二十五寒　二十六歡

二十七刪　二十八山

十一模

模 莫胡切 模 樊安碑 〔⿸厂无〕 逄盛碑

謨 亦作謩 謨 張表碑 謨 郭究碑 謨 譙敏碑 謩 楊統碑

鋪 滂模切 鋪 袁良碑

租 宗蘇切

租 樊毅復民租碑

徂 叢租切

徂 郭究碑

徂 丁魴碑

徂 燕然銘

殂

殂 李翊夫人碑

酺 薄胡切

酺 侯成碑

酺 王政碑

蒲

蒲 斜谷典匠題名

蒲 張納功德敘

都 東徒切
都 帝堯碑
都 綏民尉熊君碑
都 孔廟置卒史碑
都 孔謙碣
都 馮緄碑
都 孔宙碑陰
都 戚伯著碑
都 孫叔敖碑
都 李翕西狹頌
都 唐扶頌
都 橫海呂將軍碑
都 高頤闕碑
都 交阯沈君神道

徒 同都切
徒 孔廟置卒史碑
徒 史晨祠孔廟銘
徒 唐公房碑陰
徒 周憬功勳銘
徒 衷良碑
徒 李翕西狹頌
徒 何君閣道碑
徒 楊震碑
徒 楊著碑
徒 建平郫縣碑

途 亦作涂
涂 高彪碑
涂 魏大饗碑

塗
塗 李翊夫人碑
塗 横海呂將軍碑
塗 唐公房碑
塗 楊君斜谷碑
塗 孫叔敖碑

荼
荼 綏民尉熊君碑

圖
圖 劉熊碑
圖 靈臺碑
圖 華山亭碑
圖 帝堯碑
圖 樊毅脩華嶽碑
圖 魯峻碑
圖 李翕西狹頌
圖 元賓碑
圖 北海相景君碑
圖 袁良碑

屠

屠 武梁畫像碑

屠 白石神君碑

盧 龍都切

盧 張表碑

盧 張平子碑

盧 桐柏廟碑

盧 楊著碑陰

盧 孔宙碑陰

盧 觴豆碑陰

壚

壚 逢盛碑

奴 農都切

奴 孫根碑

奴 魏大饗碑

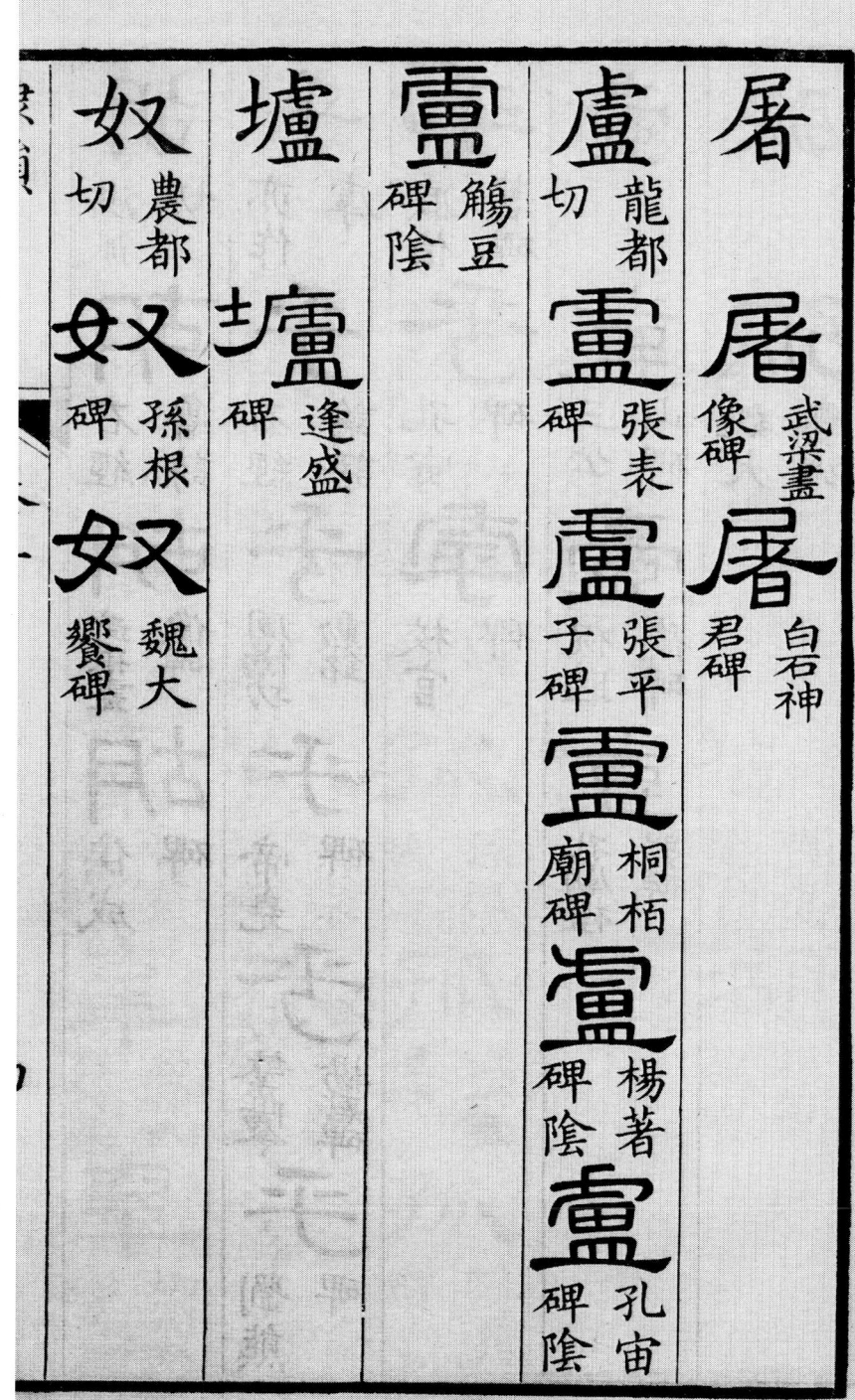

胡 洪孤切 胡 石經魯詩 胡 武梁畫像碑 胡 侯成碑

乎 亦作虖 乎 石經論語 乎 周憬功勳銘 乎 帝堯碑 乎 繁陽令楊君碑 乎 劉熊碑

乎 戚伯著碑 乎 孔宙碑 虖 校官碑

壺 壺 三公山碑 壺 祝睦後碑 壺 孔廟禮器碑

弧 弧 魏大饗碑

湖

湖 華山亭碑

湖 樊安碑

湖 韓勑後碑題名

湖 孫叔敖碑

狐

狐 張平子碑

狐 樊敏碑

孤 攻乎切

孤 孫叔敖碑

孤 李翊夫人碑

孤 孫根碑

孤 武梁畫像碑

孤 劉熊碑

孤 魏尊號奏碑

孤 夏承碑

孤 吳仲山碑

孤 陳球後碑

孤 堯廟碑側

辜

辜 馮緄碑

辜 楊統碑

辜 楊震碑

辜 李翊夫人碑

辜 柳敏碑

姑

姑 費鳳碑陰

姑 李翊夫人碑

酤

酤 史晨饗孔廟碑

沽

沽 吳仲山碑

觚

觚 孔廟禮器碑

呱

呱 李翊夫人碑

呱 孫根碑

呱 尉氏令鄭君碑

枯 空胡切
枯 綏民尉熊君碑
枯 孫叔敖碑

呼 荒胡切亦作嘑
呼 樊安碑
呼 唐公房碑
呼 老子銘
呼 侯成碑
呼 校官碑

呼 夏承碑
呼 李翊碑
呼 費鳳碑
呼 孫根碑
嘑 譙敏碑
呼 李翊夫人碑

呼 綏民尉熊君碑
呼 吳仲山碑
呼 夏堪碑

吾 訛胡切
吾 石經公羊
吾 燕然銘
吾 孫叔敖碑
吾 費鳳碑陰

吳

吳 華山亭碑　吳 殽阬君碑陰　吳 魏大饗碑　吳 武梁畫像碑　吳 費鳳碑陰

吳 綏民尉熊君碑　吳 魯峻碑　吳 鄭烈碑　吳 吳仲山碑　吳 劉寬碑陰

梧

梧 魏尊號奏碑

麤 倉胡切

麤 督郵斑碑

麁

麁 婁壽碑

烏 汪胡切
烏 綏民尉熊君碑
烏 李翊碑
烏 樊安碑
烏 費鳳碑
烏 魏大饗碑

烏 武梁碑

鳴
鳴 侯成碑
鳴 夏承碑

蘇 孫祖切
蘇 石經公羊
蘇 徐氏紀產碑
蘇 孔從事碑
蘇 魏大饗碑

十二齊

齊 前西切 齊 石經尚書 齊 劉寬碑 齊 武梁畫像碑 齊 孔宙碑 齊 魏受禪表

齊 逢盛碑

西 先齊切 西 馮緄碑 西 史晨祠孔廟銘 西 樊敏碑 西 魏受禪表 西 李翕坂碑

栖 亦作棲 栖 費鳳碑 栖 魏脩孔子廟碑 棲 李翊碑

犀 犀 周憬功勳銘

妻 千西切
妻 唐公房碑
妻 戚伯著碑

悽
悽 費鳳碑陰
悽 戚伯著碑
悽 馬江碑

齎 牋西切
齎 楊震碑陰

隄 都黎切
隄 劉熊碑陰

堤
堤 孫叔敖碑

磾 磾石經公羊

題田黎切 題樊敏碑

提 提周憬功勳銘

泥年題切 泥石經論語 泥李翊夫人碑 泥劉寬碑陰 泥夏堪碑

埿 埿費鳳碑陰

黎 憐題切 黎 魏受禪表 黎 張平子碑

雞 堅奚切 雞 石經論語 雞 燕然銘

稽 稽 綏民尉熊君碑 稽 祝睦後碑 稽 郙閣頌 稽 老子銘 稽 魏尊號奏碑

稽 唐扶頌 稽 樊敏碑 稽 劉寬碑 稽 魏受禪表

谿 牽奚切 亦作溪 谿 石經公羊 谿 郙閣頌 谿 李翕西狹頌 谿 羊竇道碑 溪 馮緄碑

兮 弦雞切 兮 石經魯詩 兮 帝堯碑 兮 靈臺碑 兮 綏民尉熊君碑 兮 郙閣頌

兮 周憬功勳銘 兮 樊敏碑 兮 柳敏碑 兮 鄭三益碑

奚 奚 楊震碑 奚 綏民尉熊君碑 奚 費汎碑

輗 研奚切 輗 三公山碑

圭 涓畦切 或作珪 圭 華山廟碑 珪 平都侯蔣君碑 珪 唐扶頌 珪 孫根碑

閨 閨 唐扶頌 閨 李翊夫人碑

奎 傾畦切 奎 史晨祠孔廟銘

攜 奚圭切 攜 辛李君造橋碑 攜 張平子碑 攜 楊統碑

迷 緜批切 迷 費鳳碑 迷 劉寬碑

十三佳

佳 居鞋切
佳 曹騰碑陰

街
街 張納碑陰
街 侯成碑

崖 宜佳切
崖 羊竇道碑
崖 李翕西狹頌
崖 辛李君造橋碑

涯
涯 靈臺碑

柴 鉏佳切
柴 劉熊碑
柴 劉寬碑陰
柴 斥彰長碑

柴 祡 樊毅脩華嶽碑

十四皆

皆 居諧切 皆 石經公羊 皆 史晨祠孔廟銘 皆 羊竇道碑 皆 劉寬碑 皆 楊震碑

皆 元賓碑 皆 夏承碑

階 階 孟郁脩堯廟碑 階 費汎碑 階 張表碑 階 北海相景君碑

喈
喈 張公神碑

諧 雄皆切
諧 張納功德敘
諧 張平子碑
諧 劉脩碑

乖 公懷切
乖 張納功德敘

懷 乎乖切
懷 石經尚書
懷 張平子碑
懷 楊統碑
懷 孫叔敖碑
懷 劉寬後碑

懷 費鳳碑陰
懷 郭輔碑
懷 桐柏廟碑

十五灰

灰 呼回切 灰 周公禮殿記

恢 枯回切 恢 史晨祠孔廟銘 恢 高彪碑 恢 孫根碑 恢 祝睦後碑 恢 燕然銘

恢 魏大饗碑 恢 太僕荀君碑

魁 魁 大嚮記殘碑 魁 楊君斜谷碑

瓌 姑回切亦作瑰 瓌 張納碑陰 瓌 魏大饗碑 瑰 金鄉長薛君碑

回 胡瑰切 回 婁壽碑 回 羊竇道碑 回 李翊夫人碑

佪 佪 平都侯蔣君碑 佪 北海相景君碑

洄 洄 周憬功勳銘

嵬 吾回切 嵬 李翕西狹頌

頽 徒回切

頽 侯成碑　穨 周憬功勳銘

雷 盧回切

雷 魏大饗碑　雷 周公禮殿記

崔 倉回切

崔 唐公房碑　崔 張平子碑

催

催 徐氏紀產碑

縗

縗 費鳳碑陰　縗 尉氏令鄭君碑

摧 祖回切 摧 郭究碑 摧 北海相景君碑

催 催 李翊夫人碑 催 繁陽令楊君碑 催 楊著碑

裴 蒲枚切 裴 張納碑陰

陪 陪 樊敏碑

十六咍

開 丘哀切亦作闓 開 袁良碑 闓 祝睦後碑 開 周憬功勳銘 闓 孔從事碑 開 劉寬碑

開 孔從事碑 開 楊君斜谷碑 闓 孔廟後碑題名

該 柯開切 該 楊震碑 該 魏受禪表 該 張平子碑 該 張表碑

垓 垓 楊震碑 垓 楊君斜谷碑

孩 何開切 孩 婁壽碑 孩 逢盛碑

哀 於開切
哀 石經論語
哀 樊毅脩華嶽碑
哀 綏民尉熊君碑
哀 張納碑陰
哀 衷良碑

哀 樊安碑
哀 夏承碑
哀 費鳳碑
哀 魏受禪表
哀 譙敏碑
哀 夏堪碑

胎 湯來切
胎 李翊夫人碑
胎 逢盛碑

台
台 張表碑
台 唐扶頌
台 北海相景君碑

臺 堂來切
臺 靈臺碑
臺 司馬孟臺神道
臺 靈臺碑陰
臺 衷良碑
臺 樊敏碑

臺 魏大饗碑 臺 孟郁脩堯廟碑

來 郎才切 来 石經魯詩 來 孔廟置卒史碑 来 靈臺碑 來 樊毅脩華嶽碑 来 綏民尉熊君碑

来 元賓碑 來 張平子碑 来 唐公房碑 来 魏大饗碑 来 李翕西狹頌

萊 萊 楊震碑 莱 李翊碑 莱 武梁畫像碑 萊 夏承碑 莱 唐扶頌

徠 徠 唐公房碑

褱 褱 李翊碑 褱 郭究碑 褱 周公禮殿記 褱 鄭固碑

櫰 櫰 孔從事碑

褢 褢 婁壽碑 褢 北海相景君碑

槐 槐 劉寛碑陰

淮 淮 樊毅復民租碑 淮 楊淮碑

差 初皆切 差 樊毅復民租碑

齋 莊皆切 齋 華山亭碑

排 蒲皆切 排 李君畫坂碑 排 帝堯碑

俳 俳 平都侯蔣君碑

埋 謨皆切 埋 樊毅脩華嶽碑 埋 孫叔敖碑

哉 將來切
哉 石經尚書
哉 李翕西狹頌
哉 樊安碑
哉 武梁碑
哉 譙敏碑
哉 魏脩孔子廟碑
哉 夏承碑
哉 侯成碑
哉 費鳳碑
哉 夏堪碑

災 亦作灾烖
災 石經公羊
災 綏民尉熊君碑
災 樊毅脩華嶽碑
災 魏大饗碑
災 靈臺碑

灾 桐栢廟碑
灾 平都侯蔣君碑
灾 張公神碑
烖 魏石經左傳

栽 牆來切
栽 李翊夫人碑
栽 金鄉長薛君碑

才
才 衷良碑
才 戚伯著碑
才 魏脩孔子廟碑
才 張平子碑

材
材 老子銘
材 魏受禪表

財
財 李翕西狹頌
財 郭究碑
財 馮緄碑
財 楊淮碑
財 費鳳碑

十七眞

眞 之人切
眞 帝堯碑
眞 老子銘
眞 孔宙碑
眞 唐公房碑
眞 譙敏碑

甄 甄華山亭碑 甄綏民尉熊君碑 甄楊震碑 甄武梁碑 甄張納功德敘

申升人切 申綏民尉熊君碑 申鄭烈碑 申張納功德敘

身 身石經論語 身老子銘 身孔宙碑 身侯成碑 身李翊碑

身戚伯著碑 身樊敏碑 身武梁畫像碑 身橫海呂將軍碑 身唐公房碑 身北海相景君碑

伸 伸楊震碑

呻
呻 平輿令薛君碑

紳
紳 繁陽令楊君碑
紳 婁壽碑
紳 劉寬碑
紳 楊著碑
紳 鄭烈碑

辰 丞眞切
辰 孔廟置卒史碑
辰 劉熊碑
辰 辛李君造橋碑
辰 唐公房碑
辰 樊安碑

晨
晨 史晨祠孔廟銘
晨 郭究碑

臣
臣 石經公羊
臣 楊統碑
臣 孔廟置卒史碑
臣 史晨祠孔廟銘
臣 詔賜功臣家字

臣 魏尊號奏碑　臣 夏承碑　臣 樊敏碑　臣 楊淮碑　臣 孔耽碑後學

神 乘人切　神 靈臺碑　神 孔耽神祠碑　神 張公神碑　神 老子銘　神 交阯沈君神道

神 龐公神道　神 緜竹王君神道　神 張平子碑　神 吳仲山碑

人 而鄰切　人 石經尚書　人 孔廟置卒史碑　人 靈臺碑　人 李翕西狹頌　人 夏承碑

人 元賓碑　人 繁陽令楊君碑

仁 仁石經論語 仁周憬功勳銘 仁老子銘 仁孫根碑 仁高彪碑

仁戚伯著碑 仁楊君斜谷碑 仁夏承碑

辛斯人切 辛張表碑 辛仲秋下旬碑 辛費鳳碑 辛祝睦後碑 辛沈子琚江堰碑

新 新樊毅脩華嶽碑 新劉熊碑 新交阯沈君神道 新侯成碑 新白石神君碑

薪 薪魯峻碑 薪孫叔敖碑

親 雌人切　親 石經論語　親 華山亭碑　親 張納功德敘　親 元賓碑　親 鄭烈碑

親 李翊夫人碑　親 北海相景君碑

津 資辛切　津 石經論語　津 夏堪碑　津 夏承碑

秦 慈鄰切　秦 袁良碑　秦 樊毅脩華嶽碑　秦 楊統碑　秦 王元賓碑

繽 紕民切　繽 劉熊碑

賓 卑民切 賓 石經尚書 賓 李翕西狹頌 賓 樊毅脩華嶽碑 賓 孔從事碑 賓 元賓碑

賓 張偉伯穿中記 賓 唐公房碑

濱 濱 靈臺碑 濱 羊竇道碑 濱 樊敏碑

儐 儐 孫根碑

頻 毗賓切 頻 張納功德叙

隸韻　卷二

嬪　嬪 李翊夫人碑

民 彌鄰切　民 石經尚書　民 帝堯碑　民 繁尉熊君碑　民 樊毅脩華嶽碑　民 孔宙碑

民 李翕西狹頌　民 張納功德叙　民 孫叔敖碑　民 校官碑　民 楊統碑　民 魯峻碑

民 雍勸闕碑　民 繁陽令楊君碑　民 陳球碑陰

泯　泯 義井碑陰　泯 張平子碑

彬 悲巾切

彬 祝睦後碑

彬 魏脩孔子廟碑

邠 亦作豳

邠 張納碑陰

豳 祝睦後碑

貧 皮巾切

貧 靈臺碑

貧 郙閣頌

貧 孫叔敖碑

貧 樊安碑

岷 眉巾切

岷 大饗記殘碑

旻

旻 周公禮殿記

旻 李翊碑

旻 張表碑

旻 郭旻碑

緡 緡 劉寬碑陰

珍 知鄰切 珍 樊毅脩華嶽碑 珍 祝睦後碑 珍 鄭固碑 珍 魏尊號奏碑 珍 孔從事碑

珍 魏受禪表 珍 王君石路碑

陳 池鄰切 陳 石經尚書 陳 張納碑陰 陳 何君閣道碑 陳 李翕西狹頌 陳 校官碑

陳 楊震碑 陳 孔宙碑 陳 老子銘 陳 處士嚴發碑

麐 麐 鄭烈碑 麐 桐栢廟碑

鄰 離珍切俗作隣 鄰 婁壽碑 隣 郙閣頌 鄰 繁陽令楊君碑 鄰 横海將軍碑 鄰 譙敏碑

鄰 孔從事碑 鄰 武梁畫像碑 鄰 北海相景君碑

鱗 鱗 靈臺碑

麟 麟 史晨祠孔廟銘 麟 羊竇道碑 麟 孔宙碑陰

十八諄

春 樞倫切 春 石經公羊 春 孔廟置卒史碑 春 帝堯碑 春 馮緄碑 春 桐柏廟碑

萅 孔謙碣 春 何君閣道碑 春 武梁畫像碑 春 唐公房碑 春 楊君斜谷碑

純 殊倫切 純 綏民校尉熊君碑 純 孫叔敖碑 純 張表碑 純 魯峻碑 純 孟郁脩堯廟碑

純 繁陽楊君碑陰 純 劉君碑

醇

醇 樊毅脩華嶽碑 醇 劉熊碑 醇 婁壽碑 醇 孔宙碑 醇 繁陽令楊君碑

醇 魏受禪表 醇 鄭烈碑

淳

淳 夏承碑 淳 劉寬碑陰 淳 北海景君碑陰

鶉

鶉 高彪碑

荀 須倫切

荀 樊毅脩華嶽碑 荀 樊毅復民租碑

詢　詢 劉寬碑　詢 劉熊碑　詢 孟郁脩堯廟碑

恂　恂 楊著碑　恂 王純碑

洵　洵 劉寬後碑

逡 七倫切　逡 鄭固碑

遵 蹤倫切　遵 華山廟碑　遵 靈臺碑　遵 孫根碑　遵 樊毅脩華嶽碑　遵 劉寬碑

遵 魏受禪表
遵 北海相景君碑

旬 松倫切
旬 張納碑陰
旬 馮緄碑
旬 夏承碑
旬 樊敏碑
旬 楊君斜谷碑

巡
巡 樊毅脩華嶽碑
巡 綏民尉熊君碑
巡 楊統碑
巡 張平子碑

循
循 魯峻碑
循 費鳳碑陰
循 劉熊碑
循 平都侯蔣君碑

屯 株倫切
屯 馮緄碑

諄

窀 窀孔宙碑

倫龍春切 倫石經論語 倫張納功德叙 倫孫叔敖碑 倫周憬功勳銘 倫繁陽令楊君碑

倫侯成碑

淪 淪魏脩孔子廟碑 淪張表碑

輪 輪繁陽令楊君碑 輪魏大饗碑 輪唐扶頌

因 伊真切 因 樊毅脩華嶽碑 因 袁良碑 因 華山亭碑 因 孫叔敖碑 因 張公神碑

因 費汎碑

姻 亦作婣 姻 州輔碑 婣 平輿令薛君碑 姻 陳度碑

禋 禋 魏尊號奏碑

堙 亦作陻 堙 殽阬君碑 堙 樊毅脩華嶽碑

湮　湮 周憬功勳銘

寅 夷眞切　寅 石經尚書　寅 孔廟置卒史碑　寅 綏民尉熊君碑　寅 李翕西狹頌　寅 燕然銘

寅 平都侯蔣君碑　寅 楊著碑陰

鈞 規倫切　鈞 魏脩孔子廟碑

均　均 劉熊碑　均 東海廟碑　均 郙閣頌　均 魏大饗碑

巾 居銀切 巾 衡方碑 巾 袁良碑

銀 魚巾切 銀 綏民校尉熊君碑 銀 郙閣頌 銀 唐公房碑陰 銀 馮緄碑 銀 費鳳碑陰

銀 戚伯著碑 銀 楊著碑

誾 誾 唐扶頌

十九臻

臻 側詵切 臻 劉熊碑 臻 史晨祠孔廟銘 臻 樊敏碑 臻 魏受禪表 臻 蔡湛頌

臻 周憬功勳銘

莘 疏臻切 莘 婁壽碑 莘 魏脩孔子廟碑

二十文

文 無分切 文 石經公羊 文 孔廟置卒史碑 文 孔宙碑 文 綏民尉熊君碑 文 魏受禪表

文 唐公房碑陰 文 孟郁脩堯廟碑

汶 汶 樊毅脩華嶽碑 汶 樊敏碑

聞 聞 石經公羊 聞 帝堯碑 聞 楊著碑 聞 孫根碑 聞 張表碑

蚊 蚊 唐公房碑

芬 敷文切 芬 帝堯碑 芬 桐栢廟碑 芬 李翊碑 芬 北海相景君碑

氛

氛 鄭固碑

分 方文切

分 石經論語

分 樊毅脩華嶽碑

分 綏民尉熊君碑

分 老子銘

分 周憬功勳銘

分 劉熊碑

分 祝睦後碑

分 王純碑

分 羊竇道碑

分 孫叔敖碑

分 平輿令薛君碑

分 李翊夫人碑

分 孫根碑

分 北海相景君碑

汾 符分切

汾 靈臺碑

汾 張納功德敘

汾 劉寬碑陰

焚 焚 魏受禪表

熿 熿 燕然銘

墳 墳 馮緄碑 墳 張平子碑 墳 劉寬碑

賁 賁 張納功德叙

雲 于分切 雲 樊毅脩華嶽碑 雲 元賓碑 雲 何君閣道碑 雲 劉寬碑 雲 唐公房碑

雲 侯成碑　雲 費鳳碑陰　雲 鄭烈碑　雲 武梁畫像碑　雲 楊震碑　雲 郭仲奇碑

耘　耘 石經論語　耘 三公山碑

沄　沄 張納功德叙　沄 周憬功勳銘

云　云 老子銘　云 郭輔碑　云 綏民尉熊君碑

熅 於云切　熅 魏受禪表　熅 魏脩孔子廟碑　熅 孟郁脩堯廟碑

薰 許云切 薰 夏承碑

勳 亦作勛 勳 劉寬後碑 勳 劉熊碑 勳 武梁畫像碑 勳 楊著碑 勛 張納功德敘

勛 靈臺碑 勛 樊毅脩華嶽碑 勛 袁良碑

君 拘云切 君 石經尚書 君 緜竹王君神道 君 靈臺碑 君 丁魴碑 君 華山亭碑

君 老子銘 君 何君閣道碑 君 元賓碑 君 唐公房碑 君 雍勸闕碑 君 高頤闕碑

君 李翊碑 君 王君石路碑 君 羊竇道碑 君 夏承碑 君 戚伯著碑 君 孫叔敖碑

軍 軍 綏民尉熊君碑 軍 樊敏碑 軍 祝睦後碑 軍 魏大饗碑 軍 郭究碑

軍 魏尊號奏碑

羣 渠云切 羣 華山亭碑 羣 袁良碑 羣 殽阬君碑陰 羣 夏承碑 羣 費鳳碑陰

羣 曹騰碑陰

二十一欣

欣 許斤切亦作訢

欣 劉熊碑

欣 楊統碑

欣 魏脩孔子廟碑

欣 楊君斜谷碑

訢 靈臺碑陰

訢 孔從事碑

訢 桐栢廟碑

昕

昕 張納碑陰

斤 舉欣切

斤 候鉦銘字

勤 渠斤切 勤 劉熊碑 勤 樊毅脩華嶽碑 勤 郙閣頌 勤 孫叔敖碑 勤 李翊碑

勤 魏尊號奏碑

懃 懃 孔廟禮器碑

圻 魚斤切 圻 楊統碑 圻 孫根碑 圻 魏大饗碑

二十二元

元 愚表切
元 石經尚書
元 孔廟置卒史碑
元 史晨祠孔廟銘
元 馮緄碑
元 綏民尉熊君碑

元 武斑碑
元 楊君斜谷碑
元 唐公房碑陰
元 吳仲山碑
元 种君石虎刻学

原
原 馮緄碑
原 靈臺碑
原 老子銘
原 江原長進德碣
原 楊君斜谷碑

原 孔廟置卒史碑
原 孔從事碑

源
源 郙閣頌
源 桐柏廟碑
源 孫叔敖碑
源 劉熊碑
源 橫海呂將軍碑

袁 于元切　袁 華山廟碑　袁 袁良碑　袁 園令趙君碑　袁 孔從事碑

爰　爰 帝堯碑　爰 張納功德敘　爰 繁陽令楊君碑　爰 魏大饗碑　爰 譙敏碑

爰 魏脩孔子廟碑

援　援 史晨祠孔廟銘

園　園 魯峻碑　園 唐扶頌

轅 轅魏脩孔子廟碑 轅繁陽令楊君碑

湲 湲繁陽令楊君碑

宛 於袁切 宛校官碑 宛張納功德叙 宛夏承碑

言 魚軒切 言石經魯詩 言費鳳碑 言楊君斜谷碑 言魏受禪表 言馮緄碑

言老子銘

軒　虛言切　軒　州輔碑　軒　夏承碑

翻　孚袁切　翻　元賓碑　翻　楊統碑　翻　費鳳碑

璠　璠　楊統碑

番　番　白石神君碑

轓　轓　費鳳碑陰　轓　夏承碑

藩 方煩切 亦作蕃 藩 袁良碑 藩 北海相景君碑 藩 孫叔敖碑 藩 高彪碑 藩 李翊夫人碑

蕃 孔從事碑

煩 符袁切 煩 劉熊碑 煩 李翊夫人碑 煩 辛李君造橋碑 煩 孔廟禮器碑

繁 繁 魏受禪表 繁 楊震碑 繁 夏承碑 繁 唐公房碑 繁 樊毅脩華嶽碑

播 播 孟郁脩堯廟碑

燔

燔 魏受禪表

樊

樊 華山亭碑　樊 樊安碑　樊 李翊夫人碑　樊 橫海呂將軍碑　樊 孔從事碑

二十三䰟

䰟 胡昆切

䰟 侯成碑　䰟 樊安碑　䰟 夏承碑　䰟 孔耽神祠碑　䰟 鄭固碑　䰟 戚伯著碑　䰟 李翊夫人碑

渾
渾 張平子碑

昆 公渾切
昆 元賓碑
昆 張表碑
昆 唐扶頌
昆 張公神碑

温 烏昆切
温 石經論語
温 祝睦後碑
温 魯峻碑
温 侯成碑
温 繁陽令楊君碑

温 婁壽碑
温 孫根碑
温 圉令趙君碑

昏 呼昆切
昏 李翊夫人碑
昏 劉熊碑陰

婚

婚 劉曜碑

閽

閽 繁陽令楊君碑

坤 枯昆切

巛 孟郁脩堯廟碑

巛 孔廟置卒史碑

巛 魏脩孔子廟碑

巛 樊毅脩華嶽碑

奔 逋昆切

奔 繁陽令楊君碑

奔 桐柏廟碑

奔 費鳳碑陰

奔 徐氏紀產碑

奔 北海相景君碑

盆 蒲奔切

盆 郙閣頌

門 謨奔切
門 石經論語
門 東海廟碑
門 靈臺碑
門 王純碑

孫 蘇昆切
孫 靈臺碑陰
孫 孔廟置卒史碑
孫 綏民尉熊君碑
孫 孫叔敖碑
孫 老子銘

孫 樊安碑
孫 樊敏碑
孫 馮煥碑陰
孫 夏承碑
孫 戚伯著碑
孫 楊淮碑

尊 祖昆切
尊 石經論語
尊 史晨祠孔廟銘
尊 楊君斜谷碑
尊 何君閣道碑
尊 孔宙碑

尊 無極山碑
尊 唐公房碑
尊 唐扶頌
尊 老子銘

存 祖尊切
存 孟郁脩堯廟碑
存 史晨祠孔廟銘
存 華山亭碑
存 綏民尉熊君碑
存 孫叔敖碑
存 劉寬碑
存 老子銘
存 魏受禪表
存 横海呂將軍碑
存 李翊夫人碑

敦 都昆切
敦 孫叔敖碑
敦 綏民尉熊君碑
敦 園令趙君碑
敦 平都侯蔣君碑
敦 孔從事碑
敦 唐扶頌
敦 張納功德叙

涒
涒 孔廟禮器碑

屯 徒渾切 屯 魯峻碑 屯 朱龜碑

論 盧昆切 論 馮緄碑 論 元賓碑

二十四痕

吞 他根切 吞 魏尊號奏碑

根 古痕切 根 脩孔廟後碑 根 朱龜碑 根 孫根碑 根 北海相景君碑 根 劉寬碑

恩 烏痕切　恩 靈臺碑　恩 樊毅脩華嶽碑　恩 孫叔敖碑　恩 夏承碑　恩 李翊夫人碑

恩 繁陽令楊君碑　恩 羊竇道碑　恩 吳仲山碑

二十五寒

寒 河干切　寒 衷良碑　寒 樊毅復民租碑　寒 楊君斜谷碑　寒 武梁畫像碑

韓　韓 樊敏碑　韓 馮緄碑　韓 楊君斜谷碑　韓 樊安碑

邯

邯 雍勸闕碑　**郘** 韓勑碑陰　**郘** 尉氏鄭君碑陰

刊 止寒切

刊 樊毅脩華嶽碑　**刊** 綏民尉熊君碑　**刊** 袁良碑　**刊** 孔宙碑　**刊** 劉寬後碑

刋 李翕西狹頌

栞

栞 魯峻碑

干 居寒切

干 樊毅脩華嶽碑　**干** 張平子碑　**干** 孫根碑

肝

肝 費鳳碑陰

玕

玕 唐扶頌

安 於寒切

安 桐柏廟碑

安 樊安碑

安 張納碑陰

安 劉寛碑

安 楊君斜谷碑

安 戚伯著碑

安 孔從事碑

安 銅雀瓦銘

湌 于安切

湌 高彪碑

殘 財干切 殘 北海相景君碑 殘 魯峻碑 殘 楊君斜谷碑

單 多寒切 單 辛李君造橋碑 丶

丹 丹 老子銘 丹 費鳳碑陰 丹 魏受禪表 丹 益州守無名碑 丹 孔彪碑

鄲 鄲 雍勸闕碑 鄲 韓勑碑陰 鄲 孫根碑

壇 唐干切 壇 孫叔敖碑 壇 孔從事碑 壇 魏大饗碑 石亶 武梁碑 壇 鄭固碑

檀　檀 孔從事碑　檀 高彪碑

彈　彈 劉熊碑　彈 樊敏碑　彈 夏承碑　彈 魯峻碑

欄 郎干切　欄 孟郁修堯廟碑

蘭　蘭 靈臺碑　蘭 孔謙碣　蘭 侯成碑　蘭 夏承碑　蘭 武梁畫像碑

蘭 李翊夫人碑　蘭 孟郁修堯廟碑

瀾 瀾 周憬功勳銘

難 那干切 難 石經論語 難 羊竇道碑 難 譙敏碑 難 李翕西狹頌 難 費鳳碑陰

難 楊君斜谷碑

二十六歡

歡 呼官切亦作懽 歡 費鳳碑陰 歡 魏脩孔子廟碑 歡 唐扶頌 懽 李翕西狹頌 懽 孟郁脩堯廟碑

驩

驩 李翊碑

驩 魏大饗碑

驩 武梁畫像碑

寬 枯官切

寬 石經論語

寬 平都侯蔣君碑

寬 張納功德叙

寬 楊統碑

寬 劉寬碑

寬 楊震碑

官 沽丸切

官 綏民尉熊君碑

官 史晨祠孔廟銘

官 校官碑

官 華山亭碑

官 張納碑陰

官 郙閣頌

官 魯峻碑

官 羊竇道碑

官 劉寬碑

官 費汎碑

官 夏承碑

冠
冠 北海相景君碑

觀
觀 戚伯著碑
觀 老子銘
觀 武榮碑
觀 魏大饗碑
觀 劉寬碑

觀
觀 楊著碑
觀 吳仲山碑

莞
莞 鄭烈碑

棺
棺 孫叔敖碑
棺 費鳳碑

潘 鋪官切　潘 校官碑　潘 孫叔敖碑　潘 馮緄碑

槃 蒲官切　槃 郭究碑

盤　盤 劉寬碑　盤 大嚮記殘碑

鞶　鞶 孫根碑

磐　磐 王君石路碑　磐 華山亭碑　磐 侯成碑

蟠 蟠 鄭烈碑

酸 蘇官切 酸 費鳳碑 酸 無名碑陰題名

鑽 祖官切 鑽 横海呂將軍碑 鑽 費鳳碑陰

欑 徂丸切 欑 魏石經左傳

端 多官切 端 石經論語 端 徐氏紀產碑 端 華山亭碑 端 史晨祠孔廟銘

湍 他官切 湍 周憬功勳銘

鸞 盧丸切 鸞 朱龜碑

二十七刪

刪 師姦切 刪 史晨祠孔廟銘

關 姑還切 關 袁良碑 關 郙閣頌 關 魏尊號奏碑 關 高頤碑 關 孔從事碑

還 胡關切
還 郙閣頌
還 老子銘
還 孫叔敖碑
還 魯峻碑
還 馮緄碑
還 繁陽令楊君碑
還 吳仲山碑

環
環 王元賓碑

姦 居顏切
姦 侯成碑
姦 夏承碑

頑 五還切
頑 樊毅脩華嶽碑
頑 張表碑
頑 劉熊碑
頑 魏尊號奏碑

顏 牛姦切
顏 石經公羊
顏 李翊碑
顏 史晨祠孔廟銘

班 逋還切
班 楊統碑
班 魏受禪表
班 郭究碑
班 老子銘

斑
斑 樊毅脩華嶽碑
斑 郙閣頌
斑 楊著碑
斑 唐扶頌

攀 披班切
攀 橫海呂將軍碑
攀 繁陽令楊君碑
攀 平輿令薛君碑

蠻 謨還切
蠻 張納功德叙
蠻 楊統碑
蠻 唐扶頌
蠻 魏受禪表
蠻 楊信碑

二十八山

山 師閒切 山 石經魯詩 山 樊毅復民租碑 山 桐柏廟碑 山 綏民尉熊君碑 山 李君西坂碑

山 楊統碑 山 譙敏碑 山 李翕西狹頌 山 夏承碑 山 祝睦後碑 山 戚伯著碑

山 周憬功勳銘

潺 鉏山切 潺 繁陽令楊君碑

閑 何間切 閑 校官碑 閑 繁陽令楊君碑

閒 居閑切 閒 魏尊號奏碑 閒 周公禮殿記 閒 孔宙碑

艱 艱 楊君斜谷碑 艱 辛李君造橋碑 艱 劉脩碑

鰥 姑頑切 鰥 北海相景君碑 鰥 孫叔敖碑 鰥 魏石經左傳

隸韻卷第二終

隸韻 卷三

隸韻卷第三

下平聲上

一先　二僊

三蕭　四宵

五爻　六豪

七歌 八戈

九麻 十陽

十一唐

一先

先 蘇前切

先 石經尚書

先 張平子碑

先 北海相景君碑

先 華山亭碑

先 老子銘

先 孔廟置卒史碑 先 綏民尉熊君碑 先 靈臺碑 先 劉寬後碑 先 王稚子闕碑 先 夏承碑

千 倉先切 千 石經論語 千 樊毅復民租碑 千 史晨祠孔廟銘 千 武梁畫像碑 千 何君閣道碑

千 魏受禪表 千 楊震碑

戔 則前切 戔 劉熊碑

前 才先切 前 石經公羊 前 費汎碑 前 孫根碑 前 綏民尉熊君碑 前 魏受禪表

前 武梁畫像碑 前 楊君斜谷碑 前 費鳳碑陰 前 夏承碑

邊 卑眠切 邊 魏尊號奏碑 邊 老子銘

匾 匾 校官碑

籩 籩 孔廟禮器碑

編 編 魏脩孔子廟碑

顛 多年切 顛 石經論語 顛 楊君斜谷碑 顛 北海相景君碑 顛 李翊夫人碑 顛 鄭固碑

天 他年切 天 石經尚書 天 綏民尉熊君碑 天 華山亭碑 天 李翊夫人碑 天 楊君斜谷碑

兲 無極山碑 天 孟郁脩堯廟碑 天 鄭烈碑

田 亭年切 田 石經尚書 田 華山亭碑

填 填 老子銘 填 周憬功勳銘 填 侯成碑

年 寧田切
年 石經尚書
年 周公禮殿記
年 唐公房碑
年 華山廟碑
年 鄭烈碑
年 楊淮碑
年 燕然銘
年 楊君斜谷碑
年 武梁碑
年 綏民尉熊君碑
年 史晨祠孔廟銘
年 孔謙碣
年 繁陽令楊君碑
年 夏承碑
年 華山亭碑
年 祝睦後碑
年 徐氏紀產碑
年 費汎碑
年 王君石路碑
年 白石神君碑
年 巴官鐵盆銘
年 吳仲山碑
年 漢磚銘
蓮 靈年切
蓮 劉寬碑陰
蓮 觴豆碑陰

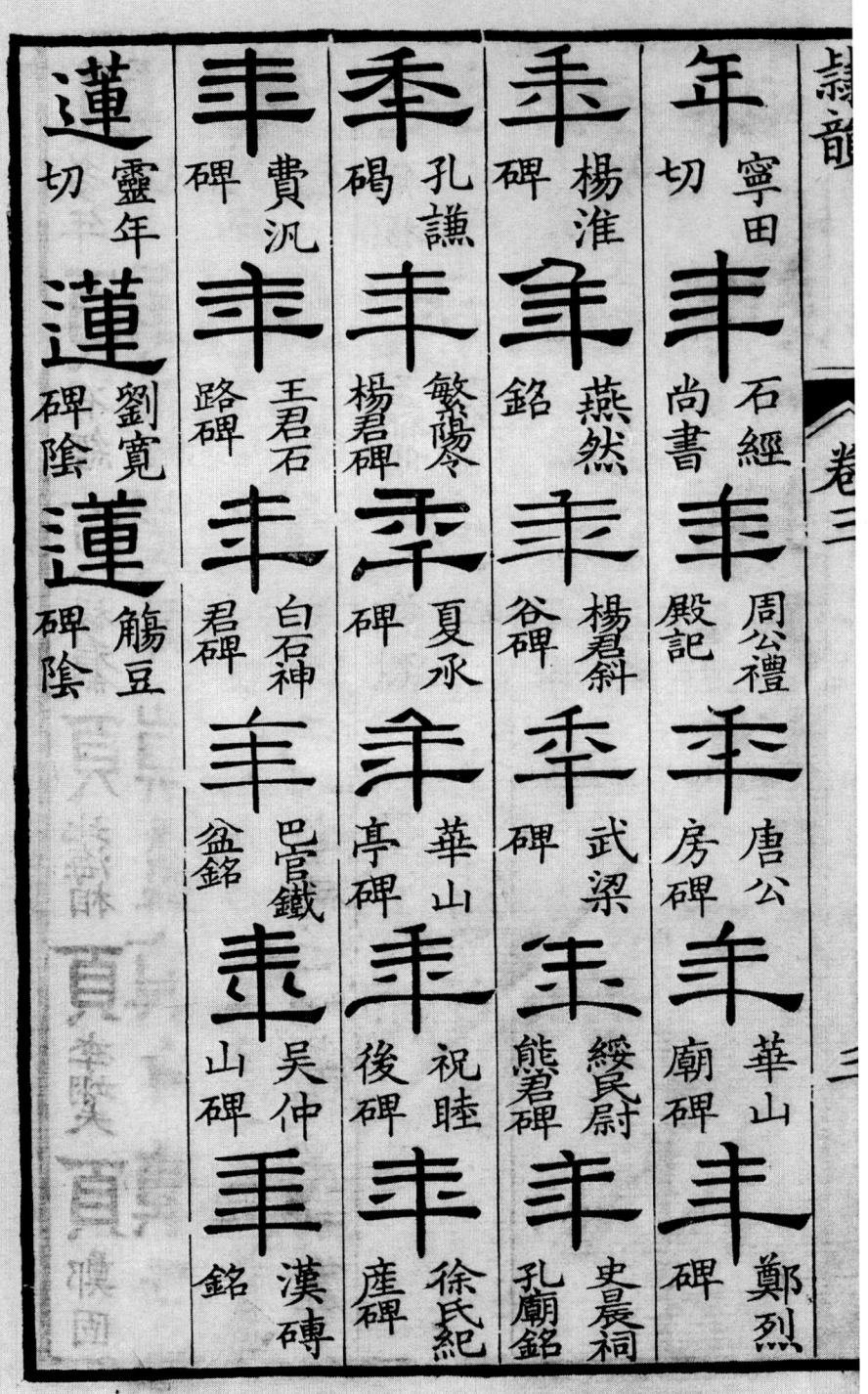

堅 經天切 堅 孫叔敖碑 堅 費鳳碑 堅 中部碑 堅 費鳳碑陰 堅 李翕西狹頌

賢 胡田切 賢 石經論語 臤 校官碑 賢 孔從事碑 賢 唐公房碑 賢 楊君斜谷碑

弦 弦 魏大饗碑 弦 帝堯碑 弦 北海相景君碑

煙 因肩切 煙 史晨祠孔廟銘

烟 烟 魏脩孔子廟碑 烟 魏受禪表

燕

燕 燕然銘

燕 夏承碑

燕 楊震碑陰

研 倪堅切

研 朱龜碑

研 鄭烈碑

研 張平子碑

研 孫根碑

蠲 圭淵切

蠲 楊著碑

蠲 魯峻碑

蠲 孔彪碑

淵 縈年切

淵 李翊夫人碑

淵 周憬功勳銘

淵 孟郁脩堯廟碑

淵 夏承碑

淵 度尚碑

淵 楊君斜谷碑

淵 鄭烈碑

淵 北海相景君碑

二僊

僊 相然切 亦作仙
僊 袁良碑
僊 靈臺碑
僊 華山廟碑
仙 唐公房碑
仙 孔從事碑

鮮 亦作鱻
鮮 費鳳碑
鮮 朱龜碑
鮮 魏大饗碑
鱻 武榮碑

遷 親然切
遷 平都侯蔣君碑
遷 樊安碑
遷 楊統碑
遷 靈臺碑
遷 州輔碑

遷 魏受禪表
遷 孫根碑
遷 楊淮碑
遷 楊著碑
遷 鄭烈碑
遷 孔宙碑

遷 綏民尉熊君碑 遷 孔彪碑

錢 財仙切 錢 靈臺碑陰 錢 孔廟置卒史碑 錢 史晨祠孔廟銘 錢 孟郁脩堯廟碑 錢 唐公房碑

錢 帝堯碑 錢 孫叔敖碑 錢 李翕西狹頌

旃 諸延切 旃 劉熊碑

蟬 時連切 蟬 老子銘

單 單魏受禪表 單魏大饗碑

潺鋤連切 潺周憬功勳銘

然如延切 然石經論語 然楊統碑 然魏尊號奏碑 然劉熊碑 然綏民尉熊君碑

然帝堯碑 然樊敏碑 然高彪碑

廛呈延切 廛校官碑

連 陵延切 連 武梁畫像碑 連 費鳳碑 連 孔從事碑 連 魏尊號奏碑 連 魯峻碑陰

延 夷然切 延 石經尚書 延 靈臺碑 延 華山廟碑 延 周公禮殿記 延 桐栢廟碑

延 綏民尉熊君碑 延 鄭固碑 延 元賓碑 延 李翊碑 延 江原長進德碣 延 辛李君造橋碑

延 魏尊號奏碑 延 羊竇道碑 延 劉寬碑陰

筵 筵 靈臺碑 筵 史晨祠孔廟銘

焉 尤虔切

焉 石經論語

焉 孟郁脩堯廟碑

焉 鄭固碑

焉 劉熊碑

焉 周憬功勳銘

焉 唐公房碑

焉 楊著碑

焉 楊君斜谷碑

焉 孫叔敖碑

焉 劉寬後碑

焉 李翊碑

愆 起虔切

愆 石經尚書

愆 李翊夫人碑

愆 樊安碑

愆 桐柏廟碑

騫

騫 武梁畫像碑

騫 殽阬君碑陰

騫 唐扶頌

搴

搴 費鳳碑陰

乾 渠焉切
乾 靈臺碑
乾 孔廟置卒史碑
乾 校官碑
乾 元賓碑
乾 辛李君造橋碑
乾 魏受禪表
乾 魏脩孔子廟碑
乾 楊君斜谷碑
乾 孔廟禮器碑

虔
虔 帝堯碑
虔 史晨饗孔廟碑
虔 桐栢廟碑
虔 平都侯蔣君碑
虔 楊君斜谷碑

鞭 畀連切
鞭 劉寬碑

篇 紕連切
篇 石經論語
篇 老子銘
篇 北海相景君碑
篇 費鳳碑陰

偏
偏 石經尚書
偏 楊君斜谷碑

綿 彌連切 亦作緜
緜 沈子琚江堰碑
綿 帝堯碑
緜 婁壽碑
緜 緜竹王君神道

宣 荀緣切
宣 靈臺碑
宣 孔謙碣
宣 綏民尉熊君碑
宣 樊安碑
宣 孫根碑

宣 劉寬後碑
宣 魏受禪表
宣 北海相景君碑
宜 鄭固碑

鐫 子全切
鐫 劉寬碑
鐫 繁陽令楊君碑
鐫 楊統碑
鐫 嚴發殘碑

旋 旬緣切
旋 楊震碑
旋 劉寬碑
旋 孟郁脩堯廟碑
旋 是邦雄桀碑

璿
璿 魏受禪表

全 才緣切
全 郭究碑
全 鄭烈碑

牷
牷 樊毅脩華嶽碑

泉
泉 靈臺碑
泉 周憬功勳銘
泉 帝堯碑
湶 孫叔敖碑
湶 楊君斜谷碑

穿 昌緣切 穿 樊敏碑 穿 羊竇道碑

川 川 孫叔敖碑 川 楊君斜谷碑

專 朱緣切 專 武梁畫像碑 專 孫叔敖碑

顓 顓 武梁畫像碑 顓 高頤碑 顓 馬江碑

遄 淳緣切 遄 魏脩孔子廟碑

船 食緣切
船 周憬功勳銘

傳 重緣切
傳 華山廟碑
傳 樊毅脩華嶽碑
傳 夏承碑
傳 譙敏碑
傳 燕然銘
傳 楊著碑
傳 孟郁脩堯廟碑
傳 唐公房碑
傳 夏堪碑

攣 閭緣切
攣 北海相景君碑
攣 劉脩碑

鉛 余專切
鉛 張納碑陰

捐
捐 樊敏碑
捐 高彪碑
捐 戚伯著碑
捐 平都侯蔣君碑

緣
緣 衷良碑
緣 楊震碑
緣 李翕西狹頌

銓 且緣切
銓 唐扶頌

員 于權切
員 張納碑陰
員 史晨饗孔廟碑

權 逵員切
權 孫根碑
權 譙敏碑
權 孫叔敖碑

拳

拳 李翊夫人碑

鬈

鬈 祝睦後碑

三蕭

蕭 先彫切

蕭 武斑碑

蕭 費汎碑

蕭 燕然銘

蕭 魏脩孔子廟碑

蕭 費鳳碑陰

彫 丁聊切

彫 孔宙碑

彫 張平子碑

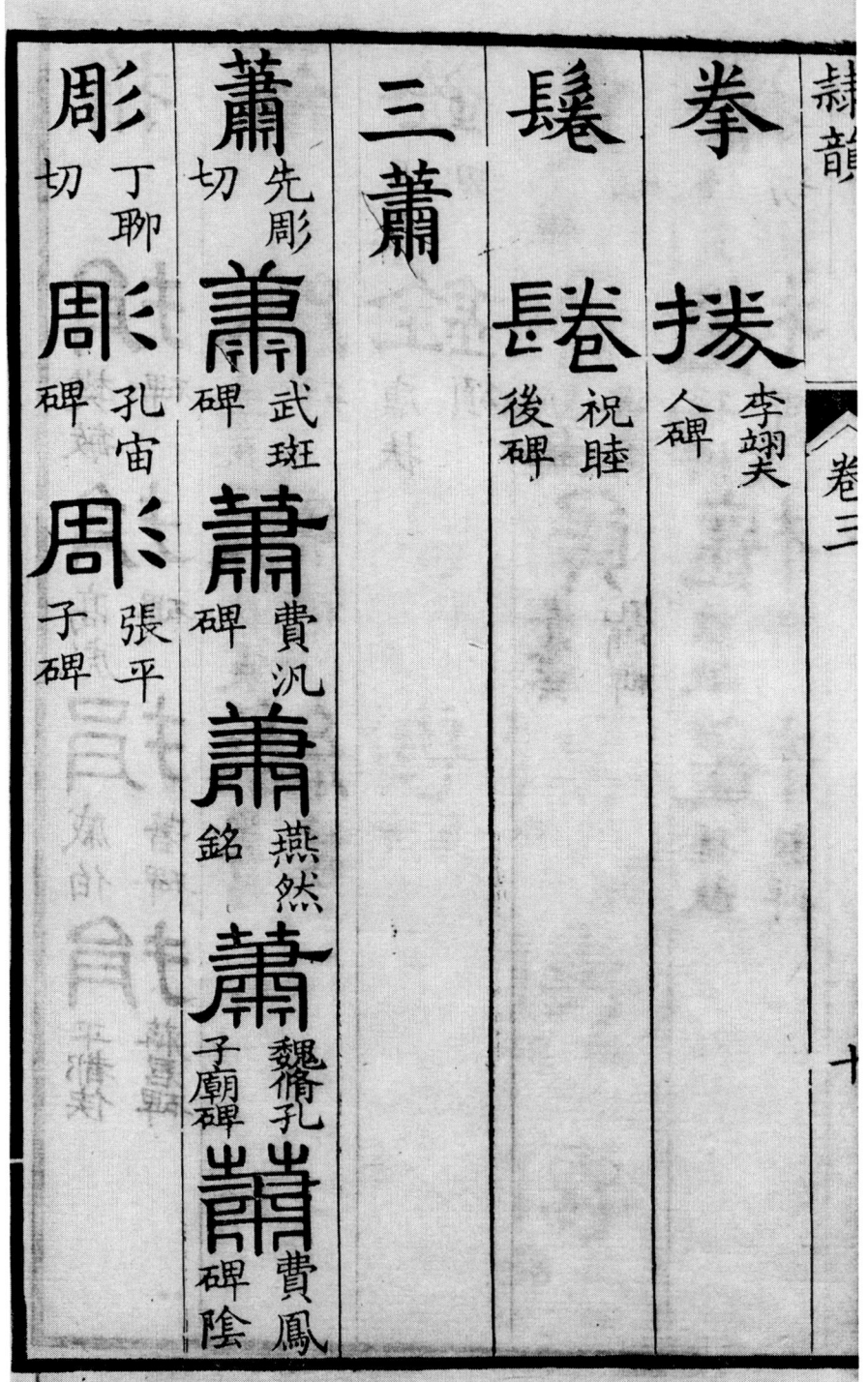

雕
雕 劉寬碑
雕 武梁碑

跳 田聊切
跳 殽阬君碑

髫
髫 校官碑

調
調 樊毅復民租碑
調 費鳳碑一
調 戚伯著碑
調 靈臺碑

條
條 魏脩孔子廟碑
條 白石神君碑
條 魏尊號奏碑
條 樊毅復民租碑

茗　茗 張公神碑

聊 蓮調切　聊 周憬功勳銘

寮　寮 劉寬碑　寮 魯峻碑　寮 譙敏碑　寮 衡方碑

寥　寥 周憬功勳銘

遼　遼 魏尊號奏碑　遼 楊君斜谷碑　遼 李翊碑

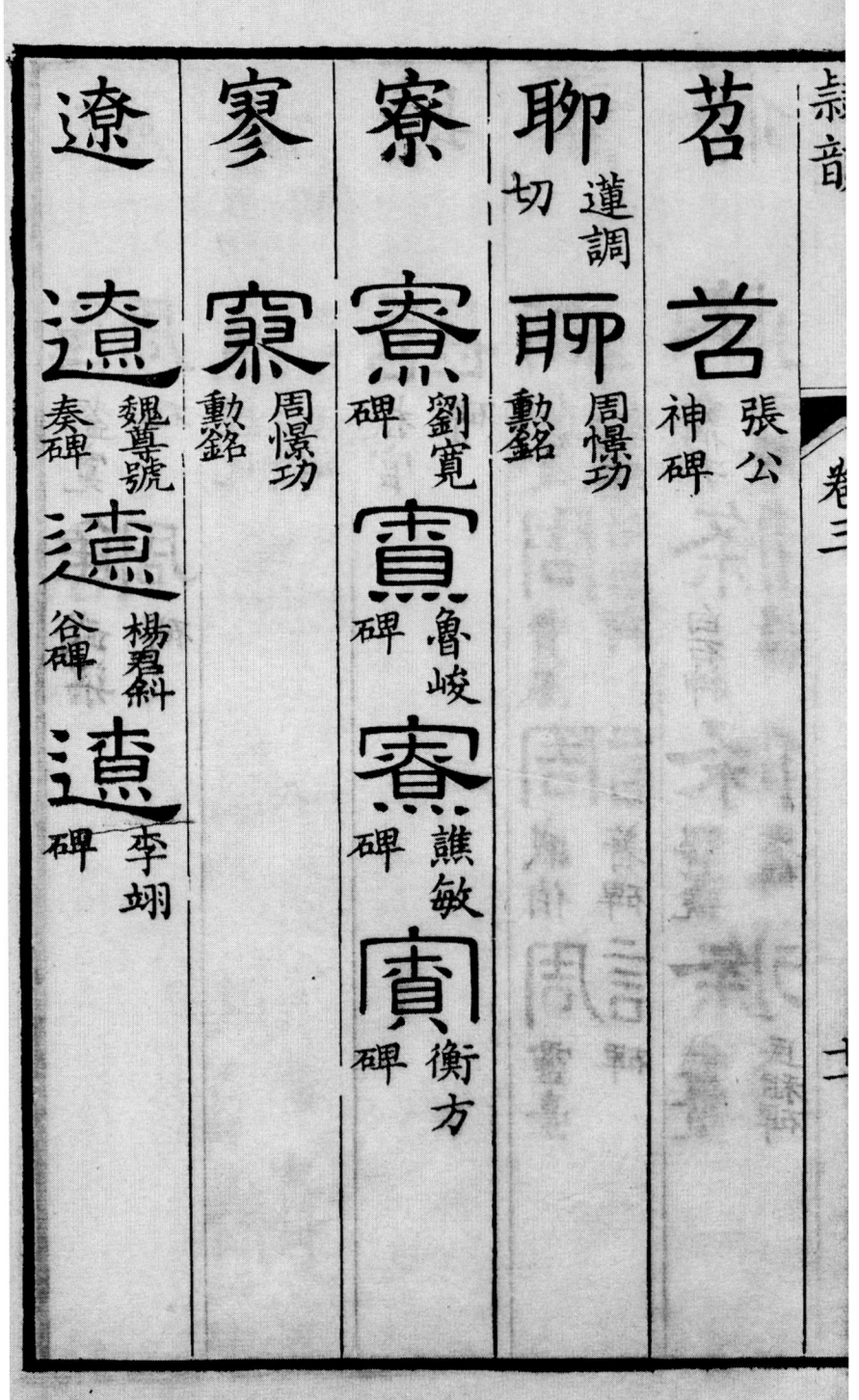

驍 堅堯切 驍 燕然銘

梟 梟 北海相景君碑

僥 僥 周公禮殿記

堯 倪么切 堯 帝堯碑 堯 靈臺碑 堯 魏受禪表 堯 唐公房碑 堯 樊毅脩華嶽碑

蕘 蕘 無極山碑

四宵

宵 思邀切 宵 北海相景君碑 宵 孫根碑

消 消 徐氏紀產碑 消 孫根碑 消 老子銘 消 費鳳碑

逍 逍 張平子碑

銷 銷 費汎碑

脩
脩 華山亭碑
脩 唐公房碑

焦 兹消切
焦 繁陽楊君碑陰
焦 劉熊碑陰

椒
椒 祝睦後碑

燋
燋 鄭烈碑

譙 慈消切
譙 譙敏碑
譙 魏大饗碑

憔

憔 李翊碑

憔 孫根碑

憔 冀州郭從事碑

標 卑遙切

摽 孫叔敖碑

飆

飆 朱龜碑

漂 紕招切

漂 辛李君造橋碑

漂 郙閣頌

飄

飄 楊著碑

剽 毗消切
剽 孔彪碑

苗 眉鑣切
苗 靈臺碑
苗 楊統碑
苗 鄭固碑
苗 孫根碑
苗 祝睦後碑
苗 唐扶頌
苗 李翊碑
苗 袁良碑

燒 尸昭切
燒 李翕西狹頌

昭 之遥切
昭 樊毅脩華嶽碑
昭 平都侯蔣君碑
昭 孫根碑
昭 燕然銘
昭 張公神碑

昭 魏受禪表
昭 郭輔碑

招
招 孟郁脩堯廟碑
招 繁陽令楊君碑
招 夏承碑

韶 時昭切
韶 老子銘
韶 秦頡碑

饒 如招切
饒 孫叔敖碑
饒 劉寬碑

超 笞招切
超 校官碑
超 費鳳碑
超 益州守無名碑
超 周憬功勳銘
超 唐公房碑

朝 陟遥切

朝 石經論語

朝 楊統碑

朝 李翊碑

朝 孫根碑

朝 北海相景君碑

朝 戚伯著碑

鼂 馳遥切 亦作晁

鼂 楊君斜谷碑

潮

潮 張納功德叙

遥 餘招切

遥 張平子碑

繇

繇 劉寬碑

繇 孔廟禮器碑

繇 朱龜碑

繇 魏尊號奏碑

繇 王君石路碑

繇 李翕西狹頌

姚

姚 孔從事碑

搖

搖 橫海呂將軍碑

謠

謠 馮緄碑

謠 劉熊碑

謠 祝睦後碑

瑤 瑤 華山廟碑 瑤 韓勑碑陰 瑤 鄭固碑

翹 祁遙切 翹 侯成碑

鴞 于驕切 鴞 北海相景君碑

妖 於驕切 妖 劉寬碑

驕 居妖切 驕 石經論語

喬 渠嬌切
高 公乘伯喬題名
高 辛李君造橋碑
高 唐公房碑

僑
僑 樊敏碑
僑 劉熊碑陰

橋
橋 辛李君造橋碑
橋 楊君斜谷碑
撟 平都侯蔣君碑
橋 李君西坂碑
橋 州輔碑陰

橋 郙閣頌

五爻

肴 何交切 肴 魏大饗碑 肴 孔彪碑

殽 殽 殽阬君碑

崤 崤 五瑞山碑

交 居肴切 交 孔宙碑 交 李翊碑 交 張平子碑 交 劉寬碑 交 李翊夫人碑

交 交阯沇君神道 交 周憬功勳銘 交 帝堯碑

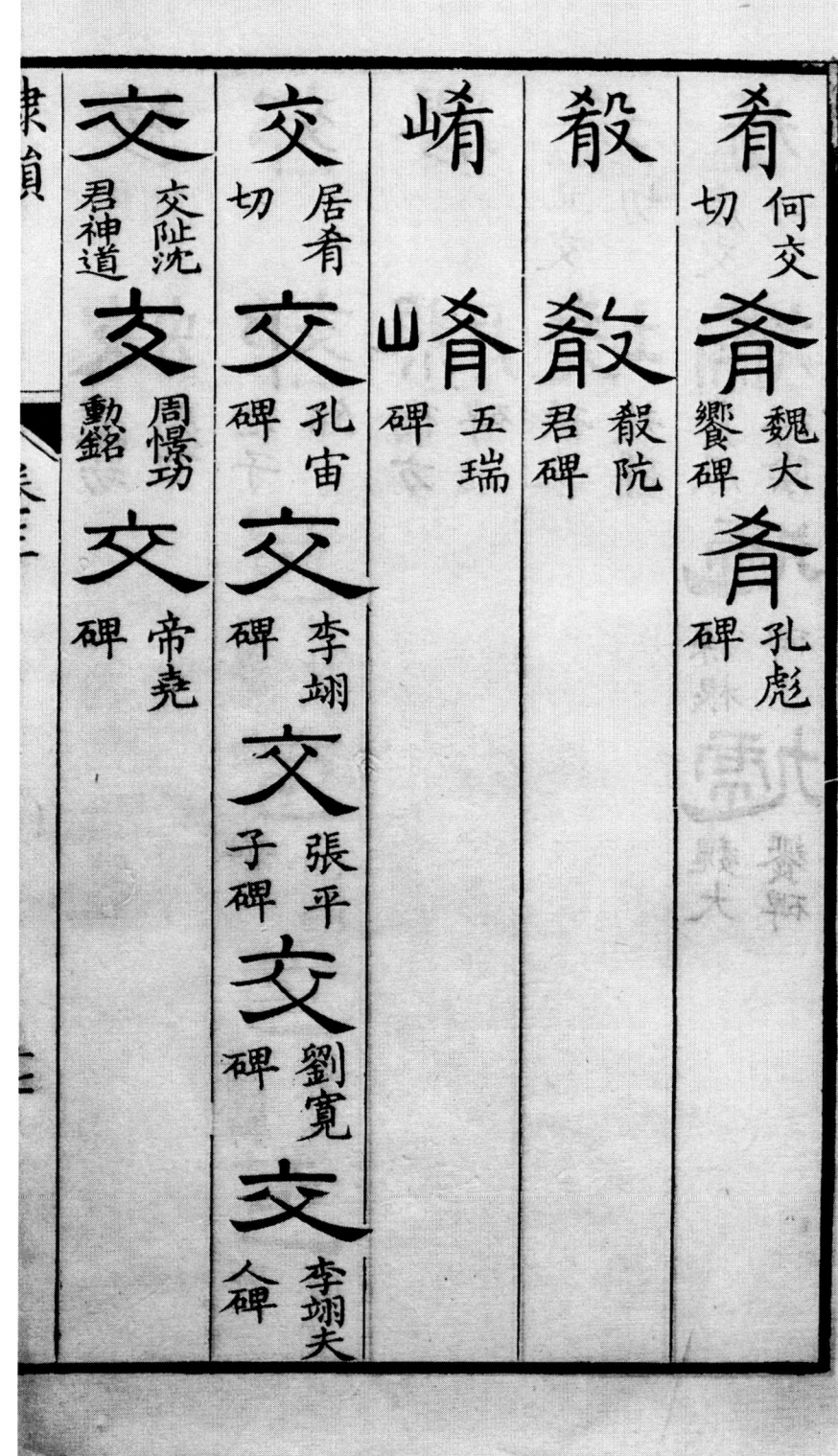

蛟

蛟 周憬功勳銘

郊

郊 老子銘

膠

膠 衡方碑

墝 丘交切

墝 孫叔敖碑

虓 虛交切

虓 費鳳碑陰

虓 孫根碑

虓 魏大饗碑

烋 烋 費汎碑

哮 哮 武斑碑

包 班交切 包 石經論語

苞 苞 老子銘 苞 繁陽令楊君碑 苞 高頤碑 苞 魏脩孔子廟碑 苞 劉寬碑

胞 披交切 胞 孫根碑

茅 謨交切

劉寬碑

婁壽碑

唐扶頌

六豪

豪 胡刀切

州輔碑

馮緄碑

北海景君碑陰

號

孫根碑

鄭固碑

冀州郭從事碑

蒿 呼高切

夏承碑

高 姑勞切
高 石經尚書
高 靈臺碑
高 孔廟置卒史碑
高 華山亭碑
高 樊毅脩華嶽碑
高 孔從事碑
高 武斑碑
高 李翊碑
高 綏民尉熊君碑
高 老子銘
高 周憬功勳銘
高 高頤闕碑
高 殽阬君碑陰
高 夏承碑

臯
臯 雍勸闕碑
臯 孔彪碑
臯 孔從事碑
臯 苑鎮碑

膏
膏 孟郁脩堯廟碑

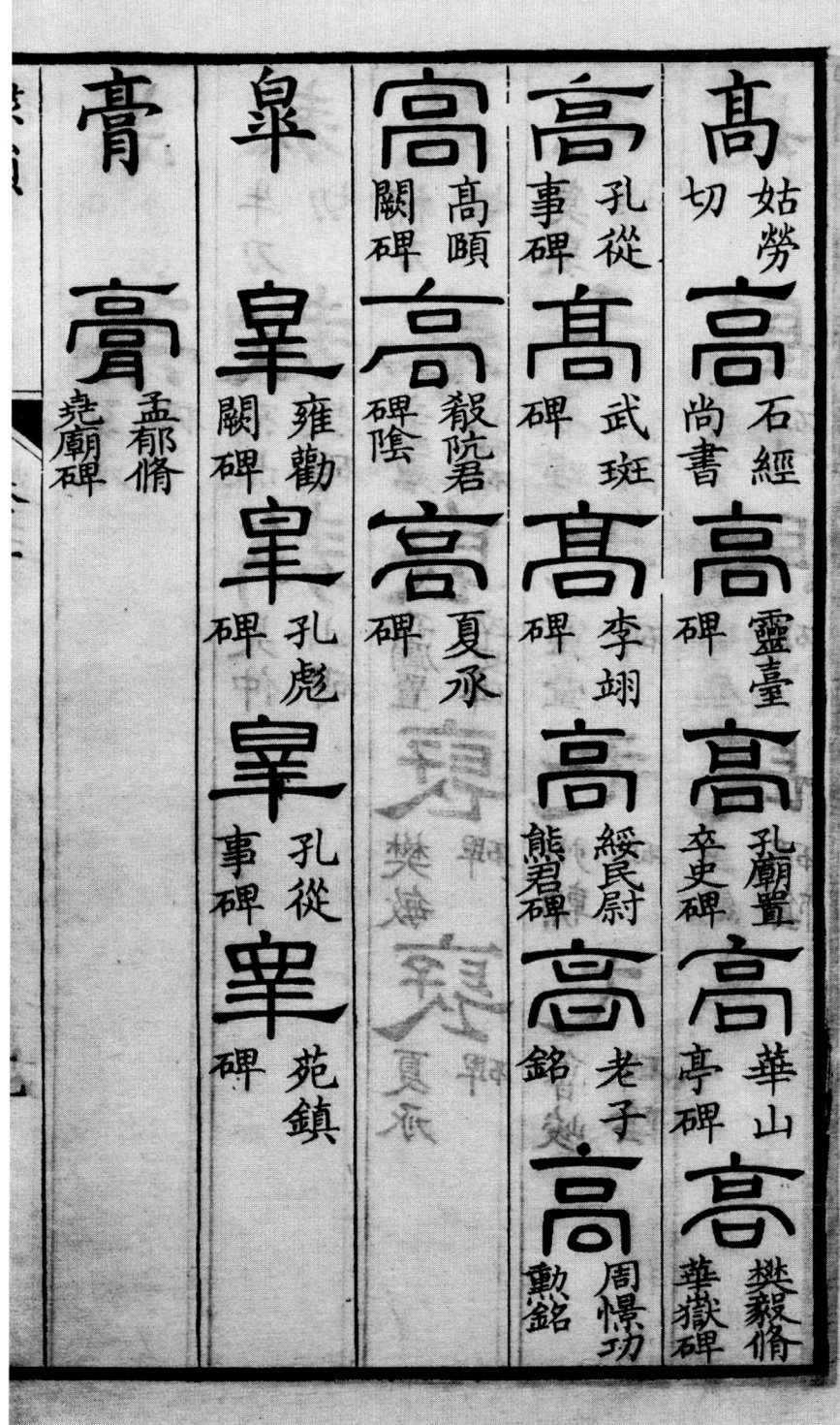

羔

羔 夏承碑

敖 牛刀切

敖 孫叔敖碑

敖 吳仲山碑

褒 補刀切

褒 辛李君造橋碑

褒 孔廟置卒史碑

褒 樊敏碑

褒 夏承碑

毛 莫褒切

毛 石經論語

毛 靈臺碑

毛 州輔碑

毛 魯峻碑陰

髦

髦 校官碑

髦 逢盛碑

髦 王純碑陰

旄 旄 老子銘 旄 苑鎮碑

搔 蘇曹切 搔 北海相景君碑

溞 溞 周憬功勳銘

臊 臊 樊毅脩華嶽碑

操 倉刀切 操 李翊夫人碑

遭 則刀切 遭 史晨祠孔廟銘 遭 綏民尉熊君碑 遭 武梁碑 遭 袁良碑 遭 樊敏碑

遭 東劉寬後碑 遭 鄭固碑 遭 楊君斜谷碑 遭 楊著碑

曹 財勞切 曹 帝堯碑 曹 朱龜碑 曹 圉令趙君碑 曹 孔謙碣 曹 孔從事碑

曹 曹騰碑陰 曹 楊著碑 曹 公乘伯喬題名 曹 韓勑碑陰 曹 華山亭碑 曹 楊君斜谷碑

曹 孔耽神祠碑 曹 校官碑

刀 都高切

刀 袁良碑

忉

忉 北海相景君碑

忉 高頤碑

忉 孫根碑

忉 平都侯蔣君碑

忉 夏承碑

饕 他刀切

饕 樊敏碑

饕 益州守無名碑

饕 張納功德叙

韜

韜 譙敏碑

滔

滔 樊毅脩華嶽碑

陶 徒刀切 陶 范式碑 陶 孔廟禮器碑 陶 大饗記殘碑 陶 張表碑

逃 逃 老子銘

濤 濤 郙閣頌 濤 袁良碑

咷 咷 孫根碑 咷 夏承碑 咷 馬江碑 咷 巢州郭從事碑

桃 桃 鄭季宣碑 桃 劉熊碑陰

洮 洮 祝睦後碑

鞀 鞀 孟郁脩堯廟碑 鞀 楊淮碑

勞 郎刀切 勞 石經尚書 勞 朱龜碑 勞 樊敏碑 勞 劉熊碑 勞 樊毅脩華嶽碑

勞 魏受禪表 勞 華山亭碑 勞 郙閣頌 勞 李翕坂碑

牢 牢 史晨祠孔廟銘 牢 孟郁脩堯廟碑

七歌

歌 居何切 亦作謌
歌 孟郁脩堯廟碑
歌 魏脩孔子廟碑
歌 周憬功勳銘
歌 郭輔碑
謌 孔耽神祠碑

歌 繁長尉熊君碑
歌 唐扶頌
歌 李翕西狹頌

柯
柯 李翊碑
柯 劉寬碑陰
柯 冀州郭從事碑

軻 丘何切
軻 武梁畫像碑
軻 老子銘

呵 虎何切 呵 辛李君造橋碑

阿 於何切 阿 楊君斜谷碑 阿 李翕西狹頌 阿 李君嵒坂碑

痾 痾 高彪碑

何 寒歌切 何 石經公羊 何 北海相景君碑 何 何君閣道碑 何 孫叔敖碑

河 河 樊毅脩華嶽碑 河 靈臺碑 河 孔廟置卒史碑 河 侯成碑 河 王稚子闕碑

河 丁魴碑 河 馮煥神道碑 河 鄭烈碑 河 周憬功勳銘 河 吳仲山碑

荷 荷 辛李君造橋碑

娥 牛何切 娥 郭輔碑

峨 峨 鄭烈碑

娑 桑何切 娑 司空殘碑

多 當何切 多 石經論語 多 孔宙碑 多 樊毅復民租碑 多 朱龜碑 多 譙敏碑

多 雍勸闕碑

佗 湯何切 亦作他 他 孫叔敖碑

羅 郎何切 羅 孔耽神祠碑 羅 大饗記殘碑

蘿 蘿 費鳳碑陰

八戈

戈 古禾切 戈 張納功德叙 戈 度尚碑 戈 是邦雄桀碑 戈 横海呂將軍碑

渦 渦 老子銘

科 苦禾切 科 州輔碑 科 老子銘

和 戶戈切 和 魏受禪表 和 孫根碑 和 鄭烈碑 和 楊君斜谷碑 和 唐公房碑

龢 龢 孔廟置卒史碑 龢 孔從事碑 龢 劉寬碑陰

禾 禾 石經魯詩 禾 魏受禪表 禾 李翕西狹頌 禾 五瑞碑

波 補禾切 波 靈臺碑 波 樊毅脩華嶽碑 波 周憬功勳銘 波 繁陽令楊君碑 波 孫叔敖碑

波 郭究碑 波 楊震碑 波 張公神碑

婆 蒲禾切 婆 司空殘碑

鄱

鄱 州輔碑陰

皤

皤 張壽碑

摩 眉波切

摩 州輔碑

磨

磨 益州守無名碑

磨 楊君斜谷碑

九麻

麻 謨加切
麻 費鳳碑

巴 邦加切
巴 樊敏碑
巴 華山亭碑
巴 魏大饗碑
巴 丁魴碑
巴 巴官鐵盆銘

巴 巴相碑

沙 師加切
沙 綏民尉熊君碑
沙 周憬功勳銘
沙 孔廟禮器碑

差 初加切
差 樊毅復民租碑
差 羊竇道碑
差 魏石經左傳

遐 何加切 遐 樊毅復民租碑 遐 平都侯蔣君碑 遐 譙敏碑 遐 魏大饗碑 遐 魏脩孔子廟碑

遐 鄭烈碑 遐 北海相景君碑 遐 唐公房碑 遐 魯峻碑 遐 侯成碑 遐 費鳳碑陰

瑕 瑕 孔從事碑 瑕 北海景君碑陰

嘉 居牙切 嘉 孔廟置卒史碑 嘉 華山亭碑 嘉 武斑碑 嘉 李翊碑 嘉 劉寬後碑

嘉 孫叔敖碑 嘉 武梁畫像碑 嘉 五瑞碑

加

加 元賓碑

加 孔廟置卒史碑

加 義井碑陰

家

家 石經尚書

家 孔廟置卒史碑

家 史晨祠孔廟銘

家 樊毅脩華嶽碑

家 綏民尉熊君碑

家 孔謙碣

家 武梁碑

家 無極山碑

家 李翊碑

家 祝睦後碑

家 劉寬碑

家 詔賜功臣家字

家 孫叔敖碑

家 唐公房碑

家 陳球碑

家 李翊夫人碑

家 冀州郭從事碑

家 衡方碑

家 徐氏紀產碑

葭

葭 祝睦後碑

牙 牛加切

牙 魏尊號奏碑

牙 斥彰長碑

華 胡瓜切

華 孔廟禮器碑

華 張表碑

華 郭究碑

華 孫叔敖碑

華 桐柏廟碑

華 樊敏碑

華 魏大饗碑

華 魏尊號奏碑

華 張平子碑

華 呂國等題名碑

華 孔從事碑

華 唐公房碑陰

華 魯峻碑

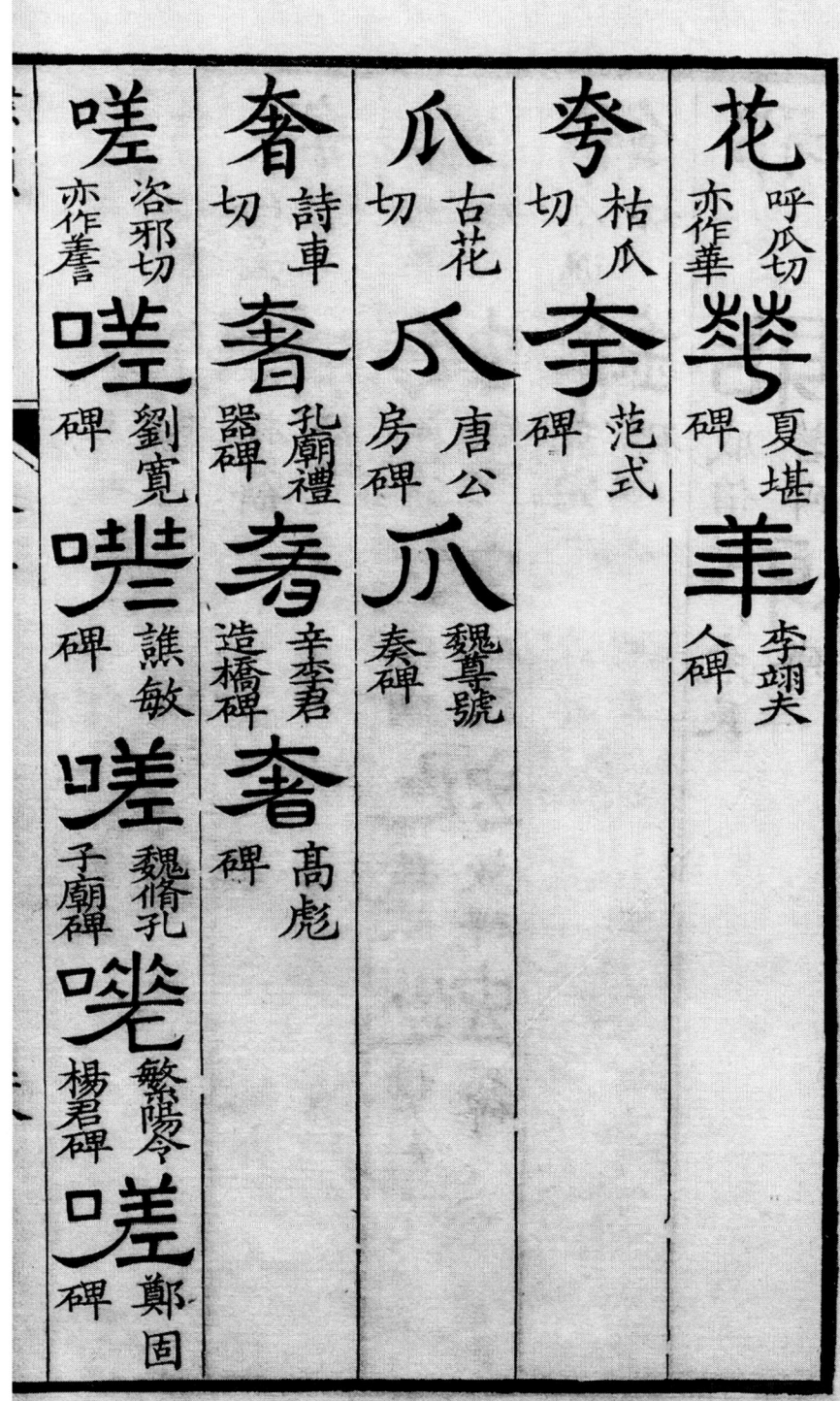

花 呼瓜切 亦作華

華 夏堪碑

華 李翊夫人碑

夸 枯瓜切

夸 范式碑

瓜 古花切

瓜 唐公房碑

瓜 魏尊號奏碑

奢 詩車切

奢 孔廟禮器碑

奢 辛李君造橋碑

奢 高彪碑

嗟 咨邪切 亦作𦏁

嗟 劉寬碑

嗟 譙敏碑

嗟 魏脩孔子廟碑

嗟 繁陽令楊君碑

嗟 鄭固碑

嗟 費鳳碑陰 嗟 魯峻碑 嗟 吴仲山碑 嗟 許戫夫人碑

斜 徐嗟切 余 楊君斜谷碑

蛇 石遮切 虵 周憬功勳銘 虵 張納碑陰 虵 孫叔敖碑 虵 楊君斜谷碑

鋣 余遮切 鋣 郭究碑

邪 耶 戚伯著碑 耶 袁良碑

十陽

陽 余章切
陽 石經論語
陽 靈臺碑
陽 樊毅脩華嶽碑
陽 韓勑碑陰
陽 老子銘
陽 綏民尉熊君碑
陽 校官碑
陽 周憬功勳銘
陽 高頤闕碑
陽 王稚子闕碑
陽 武梁畫像碑
陽 魏大饗碑
陽 孫根碑
陽 龐公神道
陽 穀阬君碑陰
陽 李翕坂碑
暘
暘 劉寬碑陰

楊

楊 唐公房碑陰
楊 楊淮碑
楊 劉熊碑陰

揚

揚 周憬功勳銘
揚 劉熊碑
揚 元賓碑
揚 馮煥碑陰
揚 鄭烈碑

颺

颺 孟郁脩堯廟碑
颺 馮煥碑陰

羊

羊 孔從事碑
羊 無極山碑
羊 綏民尉熊君碑
羊 孔廟置卒史碑
羊 羊竇道碑

洋

洋 孔宙碑陰
洋 太僕苟君碑

芳 敷方切 芳 桐柏廟碑 芳 劉熊碑 芳 李翊碑 芳 鄭固碑 芳 蔡湛頌

芳 圉令趙君碑 芳 高頤碑 芳 鄭烈碑

方 分房切 方 石經論語 分 袁良碑 方 武梁畫像碑 方 楊著碑 方 魏受禪表

方 周憬功勳銘 方 樊毅脩華嶽碑

邡 邡 吕國等題名碑 邡 侯成碑

汸 汸 樊敏碑

房 符方切 房 唐公房碑 房 孔從事碑 房 韓勑碑陰 房 郭禧碑

防 防 孫叔敖碑 防 樊毅脩華嶽碑 防 張表碑

魴 魴 丁魴碑

亡 無方切 亡 靈臺碑 亡 劉寬碑 亡 樊毅脩華嶽碑 亡 繁民尉熊君碑 亡 帝堯碑

亡 北海相景君碑

忘 忘 桐柏廟碑 忘 楊著碑 忘 孫叔敖碑 忘 魏受禪表 忘 婁壽碑

芒 芒 周憬功勳銘 芒 馬江碑 芒 李翕西狹頌

襄 思將切 襄 石經論語 襄 楊震碑 襄 孔從事碑

相 相 鄭烈碑 相 郙閣頌

湘 帝堯碑

驤 魏大饗碑

槍 千羊切
槍 楊君斜谷碑

將 資良切
將 帝堯碑
將 綏民尉熊君碑
將 張納碑陰
將 郭仲奇碑
將 袁良碑

將 孫叔敖碑
將 武梁畫像碑
將 劉寬碑
將 何君閣道碑
將 魏尊號奏碑
將 楊淮碑

漿 漿 武梁畫像碑

詳 徐羊切 詳 石經尚書 詳 魏尊號奏碑

祥 祥 靈臺碑 祥 樊毅脩華嶽碑 祥 平都侯蔣君碑 祥 曹騰碑陰 祥 樊敏碑

祥 魏尊號奏碑 祥 呂國等題名碑

庠 庠 劉熊碑陰

翔 翔 鄭烈碑 翔 高頤碑 羊羽 劉熊碑陰 翔 費鳳碑 翔 朱龜碑

翔 孟郁脩堯廟碑

廧 慈良切 廧 史晨饗孔廟碑 廧 脩孔廟後碑

戕 戕 孫根碑 戕 沈子琚江堰碑

蘠 牆 樊毅脩華嶽碑

商 尸羊切 商 華山廟碑 商 樊毅脩華嶽碑 商 孫根碑 商 張公神碑 商 孔宙碑

商 孫叔敖碑 商 楊君斜谷碑 商 譙敏碑 商 劉寬碑 商 魏脩孔子廟碑 商 宗俱碑陰

傷 傷 楊著碑 傷 費鳳碑陰 傷 戚伯著碑 傷 辛李君造橋碑 傷 劉熊碑

傷 魏上尊號奏碑 傷 夏承碑 傷 堯廟碑側

觴 觴 司空殘碑 觴 孔廟禮器碑

隸韻 卷三

暘

暘 劉寬碑陰

暘 夏承碑

暘 魯峻碑

暘 園令趙君碑

昌 齒良切

昌 孔從事碑

昌 郭輔碑

昌 華山亭碑

昌 魏受禪表

昌 中部碑

閶

閶 劉寬碑陰

倡

倡 唐公房碑

倡 樊敏碑

猖

猖 橫海呂將軍碑

章 止良切
章 石經論語
章 元賓碑
章 樊毅脩華嶽碑
章 孔廟置卒史碑
章 孫叔敖碑
章 孫根碑
章 楊君斜谷碑

彰
彰 孔宙碑
彰 戚伯著碑
彰 劉熊碑

鄣
鄣 費鳳碑陰

常 辰羊切
常 石經尚書
常 孫叔敖碑
常 周公禮殿記
常 楊君斜谷碑
常 李翊碑

常 常馮緄碑 常白石神君碑 常孔從事碑 常鄭景君闕銘 常孔廟置卒史碑 常殽阬君碑陰

常 常魏受禪表 常帝堯碑

裳 裳武梁畫像碑 裳費鳳碑陰

尚 尚馮煥神道碑

嘗 嘗石經論語 嘗孫叔敖碑 嘗魏脩孔子廟碑 嘗華山亭碑 嘗楊著碑

穰 如羊切 穰 史晨祠孔廟銘 穰 樊敏碑 穰 劉熊碑 穰 李翊碑

攘 攘 橫海呂將軍碑

霜 師莊切 霜 樊毅脩華嶽碑 霜 唐扶頌 霜 楊君斜谷碑 霜 唐公房碑 霜 度尚碑

霜 楊震碑 霜 鄭烈碑

莊 側霜切 莊 武梁畫像碑 莊 郭究碑 莊 孫叔敖碑

裝 裝王純碑

張中良切 張石經公羊 張帝堯碑 張魏大饗碑 張孔從事碑

長仲良切 長穀阬君碑陰

場 場帝堯碑 場華山廟碑 場繁陽令楊君碑

腸 腸李翊碑

萇

萇 孟郁脩堯廟碑　萇 無名碑陰題名

良 龍張切

良 元賓碑　良 劉寬碑　良 周憬功勳銘　良 武斑碑　良 鄭烈碑

良 繁陽令楊君碑　良 綏民尉熊君碑　良 夏承碑

梁

梁 樊敏碑　梁 楊君斜谷碑　梁 朱龜碑　梁 樊毅脩華嶽碑　梁 劉寬碑

梁 費鳳碑陰　梁 祝睦後碑　梁 張表碑　梁 孔從事碑

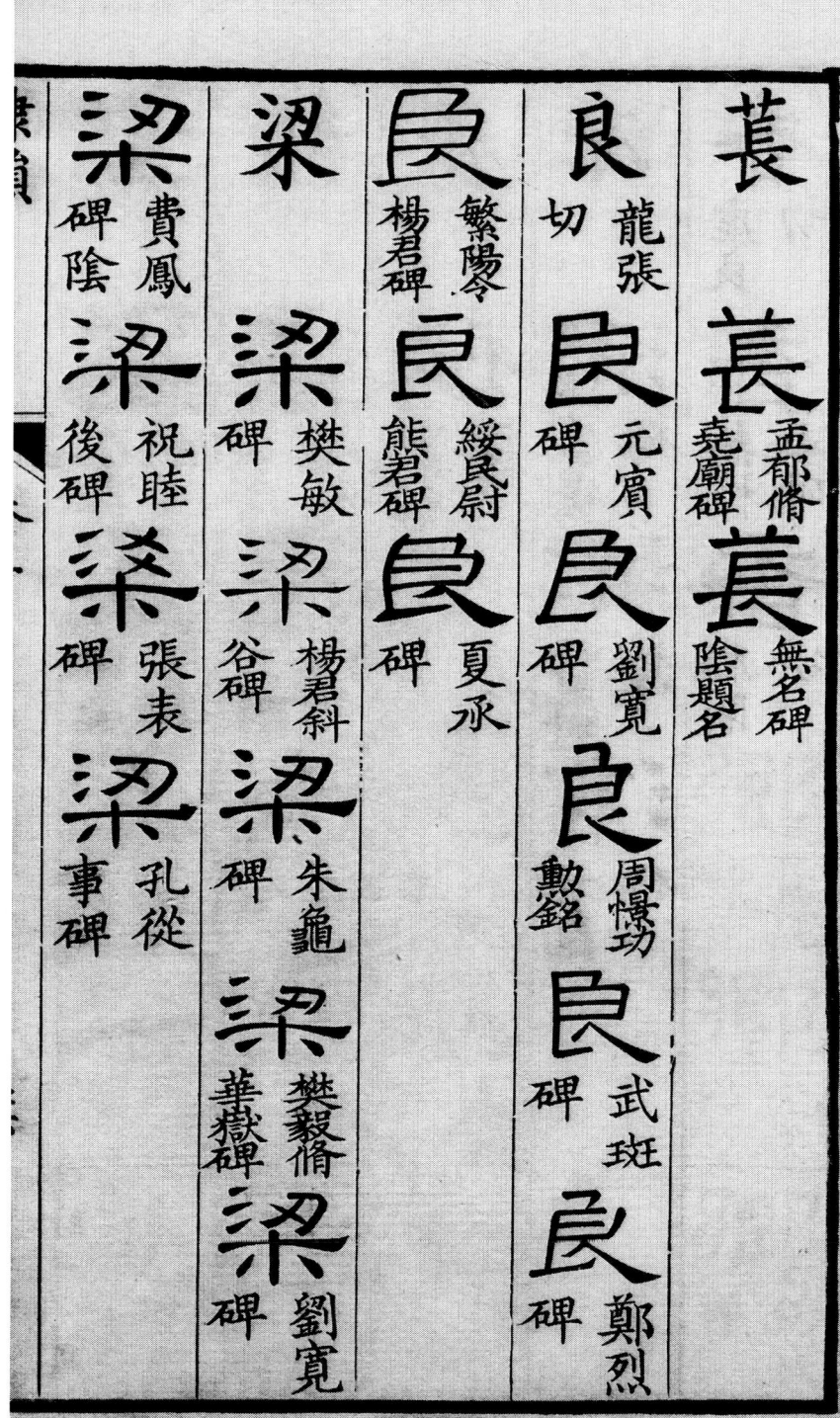

量
量 祝睦碑
量 魏受禪表

糧
糧 華山廟碑
糧 王純碑

粮
粮 孔廟禮器碑

涼
涼 靈臺碑
涼 楊君斜谷碑
涼 朱龜碑

香 虛良切
香 無極山碑
香 郙閣頌

鄉

鄉 孟郁脩堯廟碑　鄉 戚伯著碑　鄉 費汎碑　鄉 老子銘　鄉 侯成碑

鄉 劉熊碑　鄉 孔宙碑陰　鄉 衷良碑

羌 驅羊切　羌 是邦雄桀碑　羌 燕然銘　羌 丁魴碑　羌 馮緄碑　羌 斜谷典匠題名

畺 居良切亦作疆　畺 白石神君碑　畺 橫海呂將軍碑　畺 朱龜碑　疆 繁陽令楊君碑　疆 魏大饗碑

彊 馮緄碑　彊 校官碑　彊 費鳳碑陰　彊 楊君斜谷碑　彊 孫根碑　彊 李君西坂碑

姜
姜 呂國等題名碑
姜 李翊夫人碑

僵
僵 竇恩等題名碑

強 渠良切
強 樊毅脩華嶽碑
強 北海相景君碑
強 孫根碑
強 李翕西狹頌

央 於良切
央 吳仲山碑
央 漢磚銘

王 于方切
王 石經尚書
王 緜竹王君神道
王 王稚子闕碑
王 唐公房碑
王 劉寬碑

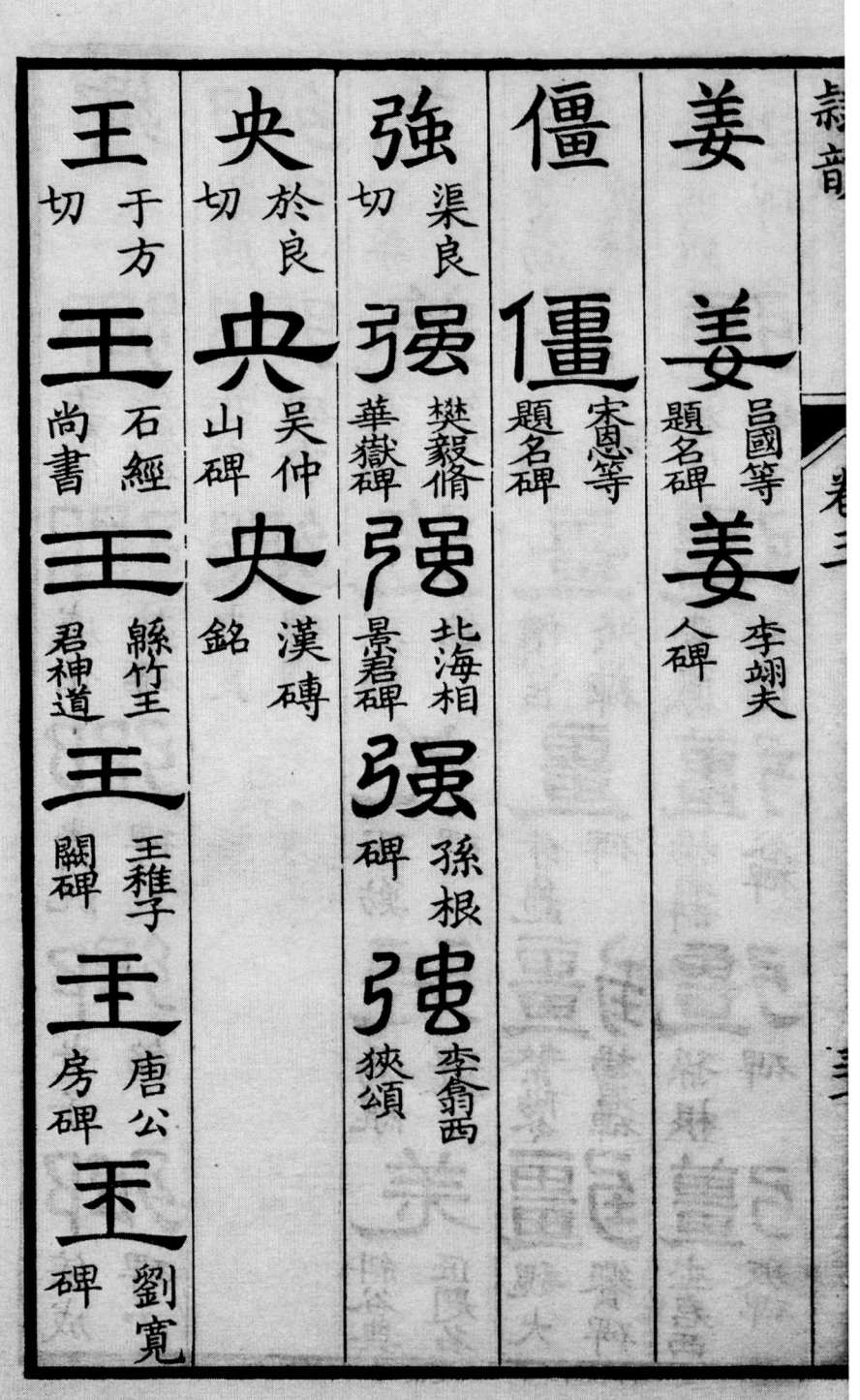

王 夏承碑
王 王君石路碑

狂 渠王切
狂 劉寬碑

十一唐

唐 徒郎切
唐 孫根碑
唐 孔廟置卒史碑
唐 樊毅脩華嶽碑

棠
棠 石經公羊
棠 李翊碑
棠 雍勸闕碑
棠 北海相景君碑
棠 魯峻碑

堂

堂 石經魯詩 堂 郭輔碑 堂 費鳳碑 堂 孔謙碣 堂 張公神碑

堂 楊君斜谷碑 堂 魯峻碑

闣

闣 孫根碑

當 都郎切

當 元賓碑 當 老子銘 當 馮緄碑 當 楊統碑

湯 他郎切

湯 孔宙碑 湯 孫根碑

郎盧當切 郎石經公羊 郎馮煥神道碑 郎魯峻碑 郎唐扶頌 郎孔從事碑

郎楊淮碑 郎鄭烈碑 郎李翕西狹頌

琅 琅孔從事碑 琅劉寬碑陰

狼 狼魏受禪表 狼孔從事碑 狼魏大饗碑

囊奴當切 囊樊敏碑

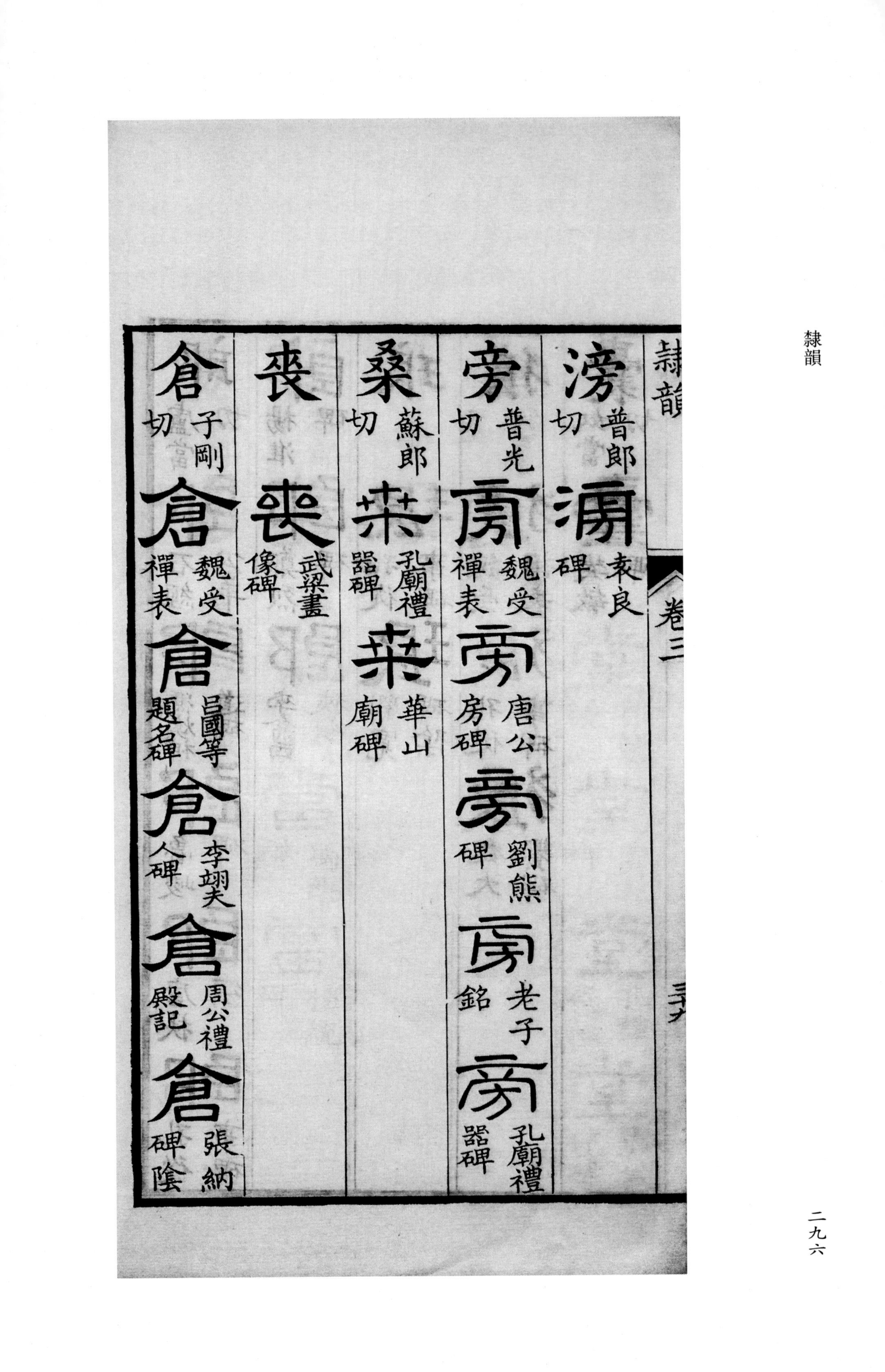

滂　普郎切

袁良碑

旁　普光切

魏受禪表　唐公房碑　劉熊碑　老子銘　孔廟禮器碑

桑　蘇郎切

孔廟禮器碑　華山廟碑

喪

武梁畫像碑

倉　子剛切

魏受禪表　吕國等題名碑　李翊夫人碑　周公禮殿記　張納碑陰

倉 史晨祠孔廟銘

蒼

蒼 華山廟碑

蒼 譙敏碑

臧 茲郎切

臧 孫叔敖碑

臧 老子銘

臧 張納碑陰

臧 周憬功勳銘

臧 馮緄碑

臧 樊敏碑

牂

牂 李翊碑

藏 祖郎切　藏 孫叔敖碑　藏 孔耽神祠碑　藏 費鳳碑陰

昂 五剛切　昂 孔從事碑　昂 平都侯蔣君碑

荒 呼光切　荒 樊毅脩華嶽碑　荒 馮緄碑　荒 靈臺碑　荒 魏大饗碑　荒 楊君斜谷碑

荒 燕然銘　荒 沈子琚江堰碑　荒 費鳳碑　荒 魏石經左傳

康 丘剛切　康 樊毅脩華嶽碑　康 祝睦後碑　康 孔宙碑　康 堯廟碑陰　康 魯峻碑陰

岡 居郎切
岡 桐柏廟碑

剛
剛 孫根碑
剛 馮煥碑陰
剛 秦頡碑
剛 樊敏碑
剛 魏受禪表

剛 北海相景君碑
剛 楊統碑

綱
綱 魏脩孔子廟碑
綱 楊君斜谷碑
綱 武梁畫像碑
綱 魏受禪表
綱 郭究碑

卬 五剛切
卬 楊著碑
卬 老子銘
卬 劉熊碑
卬 鄭固碑

光 姑黃切
光 戚伯著碑
光 孫根碑
光 劉寬後碑
光 靈臺碑
光 楊君斜谷碑

光 魏受禪表
光 鄭烈碑
光 綏民尉熊君碑
光 高頤闕碑

黃 胡光切
黃 靈臺碑
黃 袁良碑
黃 孔從事碑
黃 北海相景君碑
黃 史晨祠孔廟銘

黃 州輔碑
黃 綏民尉熊君碑
黃 陳球碑陰
黃 魯峻碑

璜
璜 劉熊碑陰
璜 劉寬碑陰

皇

皇 石經尚書 皇 高彪碑 皇 楊君斜谷碑 皇 張公神碑 皇 周憬功勳銘

皇 鄭烈碑 皇 老子銘 皇 魏受禪表 皇 夏承碑 皇 孔宙碑

凰

凰 麒麟鳳凰碑

蝗

蝗 費汎碑

煌

煌 孔從事碑 煌 魏脩孔子廟碑 煌 樊毅脩華嶽碑

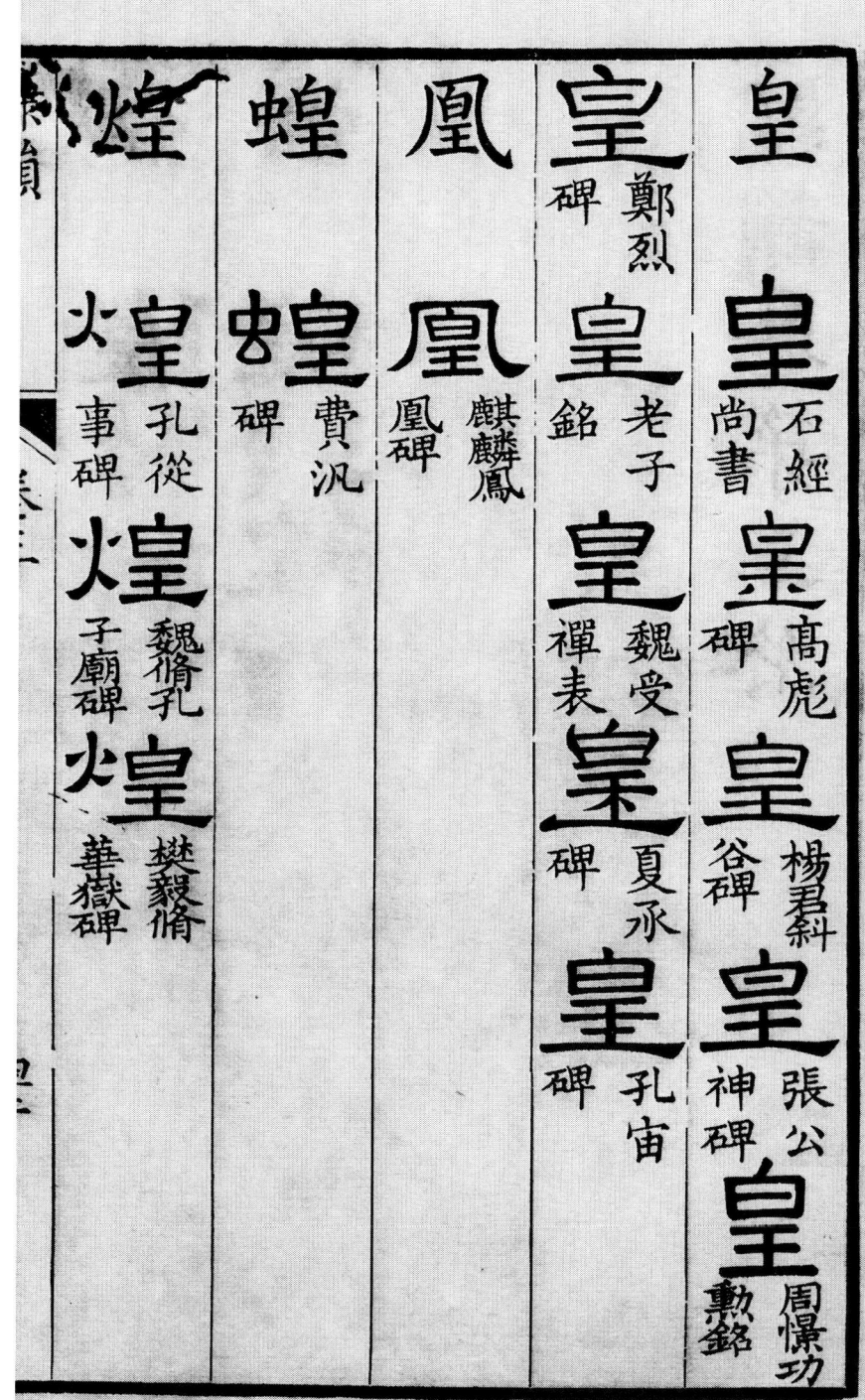

徨

偟 張表碑

惶

惶 孔廟置卒史碑

惶 魏尊號奏碑

隸韻卷第三終

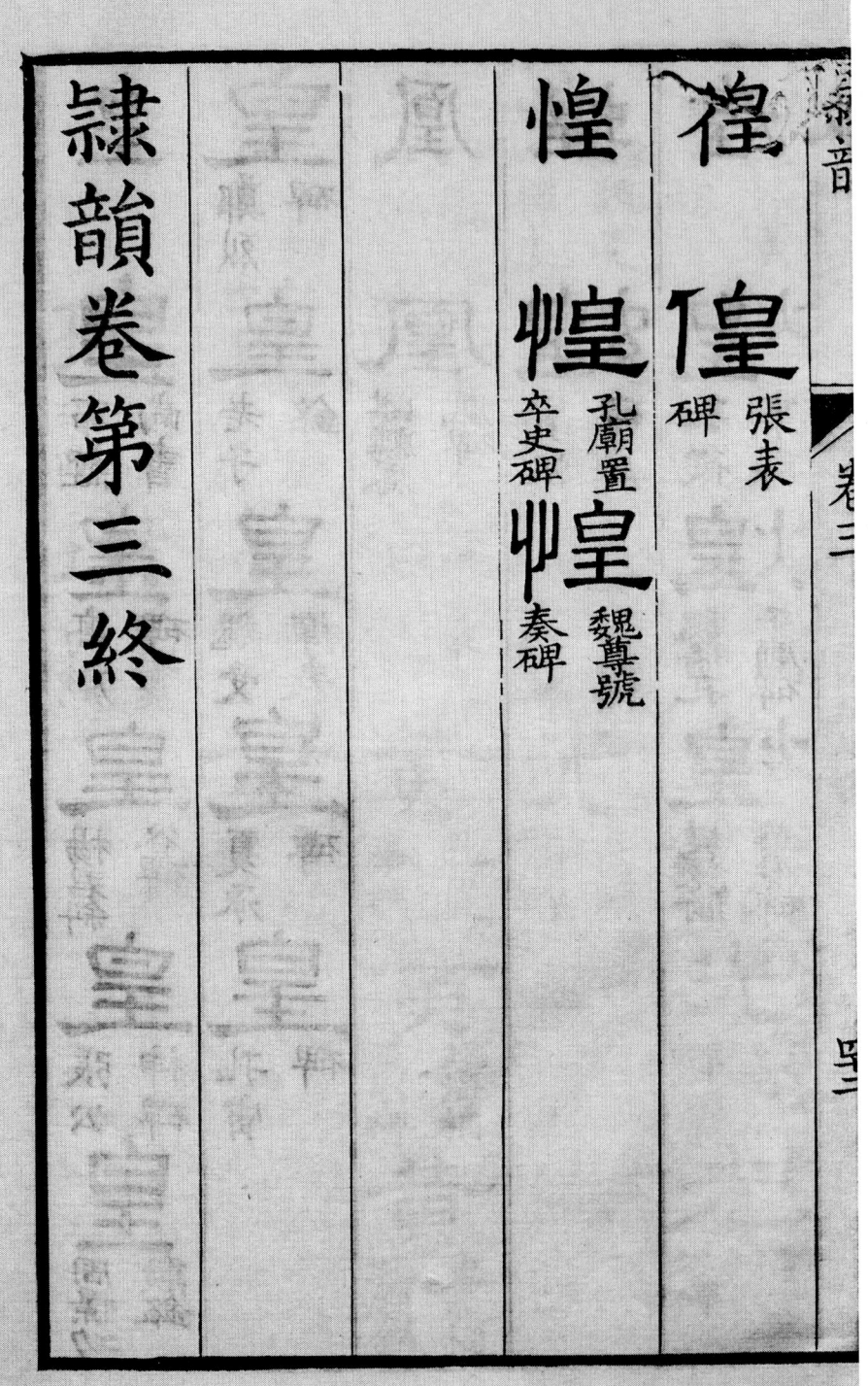

隸韻 卷四

隸韻卷第四

下平聲下

十二庚　十三耕

十四清　十五青

十六蒸　十七登

十八尤　十九侯

二十幽　二十一侵

二十二覃　二十三談

二十四鹽　二十五添

二十六嚴　二十七咸

二十八銜　二十九凡

十二庚

庚 古衡切　庚 劉寬碑　庚 馬江碑　庚 魯峻碑　庚 侯成碑　庚 樊毅復民租碑

庚 劉曜碑

更　更 樊毅脩華嶽碑　更 孔耽碑後字　更 羊竇道碑

隸韻 卷四

阬 丘庚切
阬 縠阬君碑

亨 虛庚切
亭 華山亭碑

行 何庚切
行 石經論語
行 真道塚碑

衡
衡 周公禮殿記
衡 張平子碑
衡 魏脩孔子廟碑
衡 祝睦後碑
衡 魏受禪表

衡 婁壽碑
衡 楊震碑
衡 馮煥碑陰
衡 李翕西狹頌
衡 侯成碑
衡 巢州郭從事碑

橫 胡盲切 橫 繁陽令楊君碑 橫 楊震碑 橫 燕然銘 橫 橫海呂將軍碑

觥 姑橫切 觵 孔宙碑

彭 蒲庚切 彭 韓勑碑陰 彭 華山亭碑 彭 劉熊碑陰

憉 憉 北海相景君碑

兵 補明切 兵 馮煥碑陰 兵 武梁畫像碑 兵 魏尊號奏碑 兵 孔宙碑 兵 燕然銘

兵 魏大饗碑　兵 張納碑陰

平 蒲明切　平 孔廟置卒史碑　平 何君閣道碑　平 緌民尉熊君碑　平 元賓碑　平 周憬功勳銘

平 袁良碑　平 張平子碑　平 高頤闕碑　平 巴官鐵盆銘　平 孫叔敖碑陰　平 吳仲山碑

明 眉兵切　明 緌民尉熊君碑　明 華山亭碑　明 孔廟置卒史碑　明 謁者景君墓表　明 孫叔敖碑

明 北海相景君碑　明 楊統碑　明 孫根碑　明 劉寬碑　明 譙敏碑　明 夏承碑

明 魯峻碑
明 郯令景君闕銘
明 楊震碑陰

盟
盟 辛李君造橋碑
盟 侯成碑

鳴
鳴 孔宙碑
鳴 北海相景君碑

生 師庚切
生 孫叔敖碑
生 史晨祠孔廟銘
生 綏民尉熊君碑
生 靈臺碑
生 周憬功勳銘

生 馮緄碑
生 魯峻碑
生 老子銘
生 北海相景君碑

笙
笙 史晨饗孔廟碑

甥
甥 費鳳碑陰

牲
牲 帝堯碑
牲 孔廟置卒史碑
牲 樊毅復民租碑
牲 魏受禪表

京 居卿切
京 鄭烈碑
京 脩孔廟後碑
京 殽阬君碑陰
京 平都侯蔣君碑
京 樊毅脩華嶽碑
京 樊敏碑
京 戚伯著碑
京 楊震碑
京 馮煥神道碑
京 魏尊號奏碑

荆
荆 綏民尉熊君碑
荆 馮緄碑
荆 孫根碑
荆 楊震碑
荆 郭輔碑

驚
驚 北海相景君碑
驚 魏大饗碑
驚 唐公房碑

卿 丘京切
卿 楊震碑
卿 魏大饗碑
卿 孔廟置卒史碑
卿 韓勑碑陰
卿 老子銘
卿 高頤碑
卿 孫叔敖碑陰

鯨 渠京切
鯨 王君廟門碑

迎 魚京切
迎 華山亭碑
迎 唐公房碑

英 於京切
英 張公神碑
英 繁陽令楊君碑
英 朱龜碑
英 楊震碑
英 李翊夫人碑
英 張平子碑
英 鄭烈碑
英 唐公房碑陰
英 楊著碑陰
英 太僕荀君碑陰

瑛
瑛 孔廟置卒史碑
瑛 平都侯蔣君碑

榮 于平切
榮 孫根碑
榮 楊著碑
榮 靈臺碑
榮 張表碑
榮 郭究碑

榮 楊君斜谷碑

兄 呼榮切 兄 樊毅脩華嶽碑 兄 石經公羊碑 兄 孫根碑 兄 唐扶頌

十三耕

耕 古莖切 耕 婁壽碑 耕 費鳳碑陰 耕 沈子琚江堰碑

嚶 於耕切 嚶 逢盛碑

⿱⿰目目言 ⿱⿰目目言 李翊夫人碑

紘 乎萌切 紘 陳球碑

閎 閎 老子銘

巆 巆 白石神君碑

訇 呼宏切 訇 穀阬君碑陰

爭 甾耕切 爭 劉寬後碑 爭 孔廟禮器碑 爭 周憬功勳銘 爭 楊統碑 爭 婁壽碑

爭 橫海呂將軍碑 爭 張平子碑

甍 謨耕切 甍 魏脩孔子廟碑

萌 萌 孟郁脩堯廟碑 萌 劉寬後碑 萌 張表碑 萌 鄭烈碑 萌 魯峻碑

氓 氓 朱龜碑 氓 孫根碑 氓 郙閣頌

十四清

清 七情切 清 樊毅脩華嶽碑 清 劉熊碑 清 楊淮碑 清 魏大饗碑 清 鄭烈碑

清 楊君斜谷碑 清 北海相景君碑 清 楊統碑 清 夏承碑

精 子盈切 精 劉寬碑 精 武梁畫像碑 精 横海呂將軍碑 精 孫叔敖碑 精 北海相景君碑

精 史晨祠孔廟銘 精 綏民尉熊君碑 精 華山亭碑 精 樊毅脩華嶽碑

旌 旌魏受禪表 旌老子銘 旌元賓碑 旌張表碑 旌鄭固碑

拴楊震碑 旌夏承碑

晶 晶北海相景君碑

情慈盈切 情石經論語 情劉熊碑 情老子銘 情楊君斜谷碑 情李翊碑

情史晨祠孔廟銘 情劉寬碑

并 卑盈切 幷 周公禮殿記 幷 孔廟禮器碑 幷 老子銘 幷 朱龜碑 幷 橫海呂將軍碑

幷 郭輔碑 幷 孔耽碑後字

名 彌并切 名 帝堯碑 名 靈臺碑 名 華山亭碑 名 夏承碑 名 綏民尉熊君碑

名 李翊碑 名 孔宙碑 名 元賓碑 名 周憬功勳銘 名 楊淮碑 名 楊著碑

名 北海相景君碑 名 祝睦碑

聲 書征切
聲 華山亭碑
聲 孟郁脩堯廟碑
聲 武斑碑
聲 婁壽碑
聲 孔廟禮器碑

聲 老子銘
聲 脩孔廟後碑
聲 魏脩孔子廟碑
聲 劉寬後碑
聲 繁陽令楊君碑

征 諸成切
征 魏大饗碑
征 魏尊號奏碑
征 老子銘
征 樊安碑
征 辛李君造橋碑

征 楊統碑
征 校官碑
征 馮緄碑
征 孫根碑

正
正 桐栢廟碑
正 孔彪碑

鉦

鉦 侯鉦銘字

成 時征切

成 石經公羊

成 石經尚書

成 孔耽神祠碑

成 劉熊碑

成 費鳳碑陰

成 周憬功勳銘

成 綏民尉熊君碑

成 劉寬碑

成 史晨祠孔廟銘

成 雍勸闕碑

成 孔從事碑

成 華山廟碑

成 魏尊號奏碑

成 張公神碑

成 羊竇道碑

城

城 橫海呂將軍碑

城 孔從事碑

城 韓勑碑陰

城 北海相景君碑

城 楊淮碑

城 孫根碑
城 吳仲山碑

誠
誠 靈臺碑
誠 楊君斜谷碑
誠 孔廟置卒史碑
誠 史晨祠孔廟銘
誠 劉寬碑

誠 劉熊碑

呈 馳成切
呈 樊安碑

程
程 老子銘
程 校官碑
程 馮煥碑陰
程 孔彪碑陰

令 離呈切
令 武梁畫像碑

盈 餘輕切
盈 靈臺碑
盈 白石神君碑
盈 樊敏碑
盈 州輔碑
盈 是邦雄桀碑

盈 老子銘

贏 孫根碑
贏 郙閣頌
贏 孔仲秋下旬碑

輕 牽盈切
輕 老子銘
輕 楊君斜谷碑
輕 楊統碑
輕 北海相景君碑
輕 鄭烈碑

輕 魏尊號奏碑 輕 劉寬碑 輕 楊著碑

嬰 伊盈切 嬰 馮緄碑 嬰 老子銘 嬰 樊敏碑

營 維瓊切 營 中部碑 營 戚伯著碑 營 史晨祠孔廟銘 營 靈臺碑 營 婁壽碑

塋 塋 張平子碑 塋 平都侯蔣君碑 塋 靈臺碑 塋 馮緄碑

傾 窺營切 傾 魏脩孔子廟碑 傾 張平子碑 傾 殽阬君碑陰 傾 樊毅脩華嶽碑

瓊 渠營切 瓊 孔從事碑

焭 李翊夫人碑 焭 冀州郭從事碑

煢 煢 仲秋下旬碑

縈 娟營切 縈 老子銘

十五青

青 倉經切
青 魏大饗碑
青 樊敏碑

星 先青切
曐 燕然銘
星 李翊夫人碑
星 老子銘
星 魏大饗碑

冥 忙丁切
冥 楊統碑
冥 楊君斜谷碑
冥 老子銘
冥 平都侯蔣君碑
冥 李翊夫人碑

冥 楊震碑
冥 孔彪碑

螟
螟 孫叔敖碑
螟 唐公房碑

銘

銘 周憬功勳銘　銘 費汎碑　銘 孔宙碑　銘 夏承碑

丁 當經切

丁 張納碑陰　丁 樊安碑　丁 武梁畫像碑　丁 鄭烈碑　丁 戚伯著碑

丁 無極山碑　丁 太僕荀君碑陰

聽 他經切

聽 樊安碑

庭 唐丁切

庭 老子銘　庭 侯成碑　庭 郭究碑　庭 李翊夫人碑　庭 吳仲山碑

廷 廷孫叔敖碑 廷史晨祠孔廟銘 廷馮緄碑 廷北海相景君碑 廷費汎碑

霆 霆孫叔敖碑

亭 亭華山亭碑 亭曹騰碑陰 亭殽阬君碑 亭横海呂將軍碑 亭魏尊號奏碑

靈 盧經切 靈燕然銘 靈戚伯著碑 靈靈臺碑 靈孟郁脩堯廟碑 靈李翊夫人碑

靈帝堯碑 靈王稚子闕碑 靈綏民尉熊君碑 靈景君碑陰 靈史晨祠孔廟銘 靈楊君斜谷碑

靈 魏尊號奏碑 靈 夏承碑 靈 武梁碑

齡 齡 魯峻碑

囹 囹 平都侯蔣君碑 囹 魏受禪表

聆 聆 劉熊碑 聆 校官碑

伶 伶 益州守無名碑

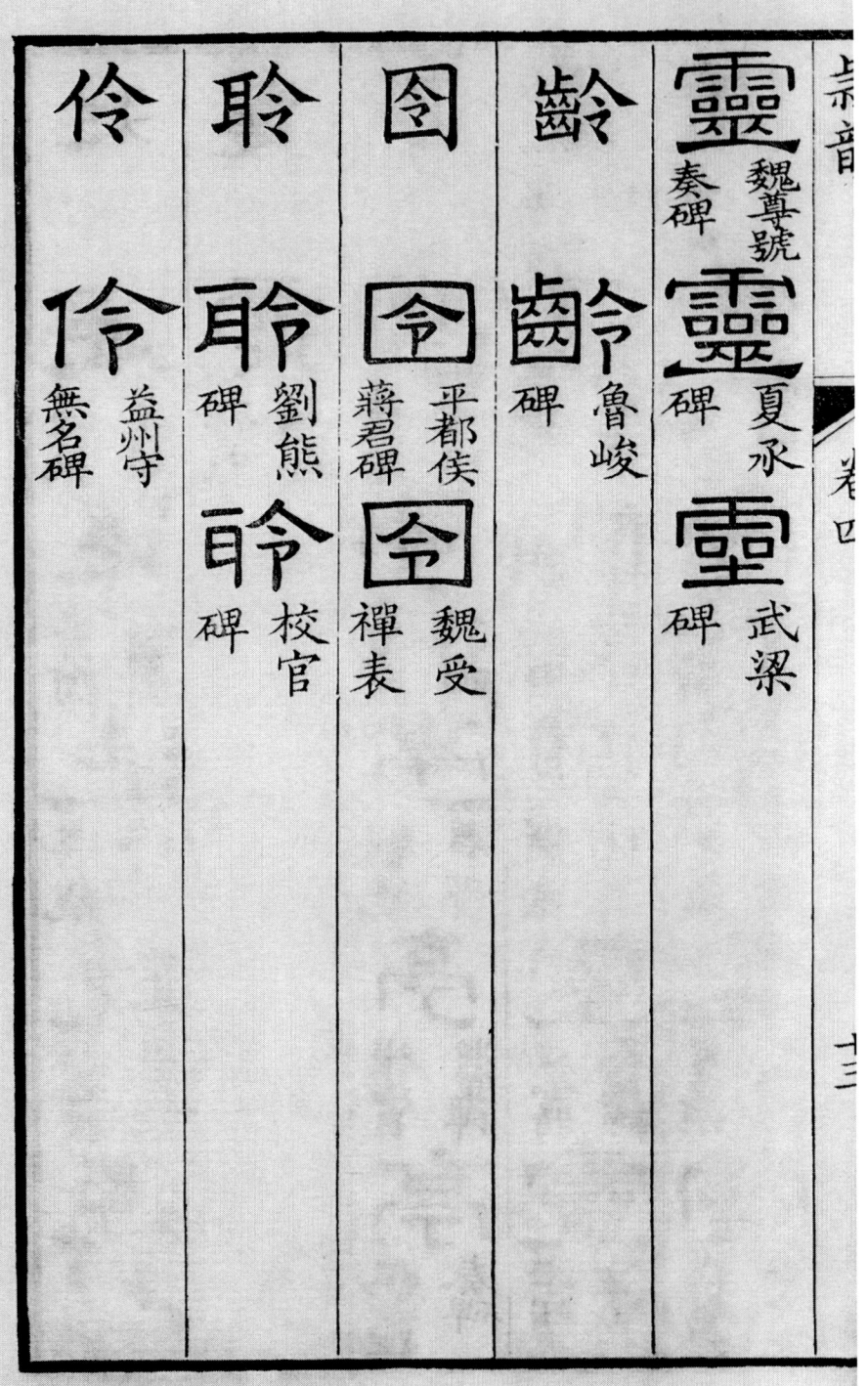

泠

泠 樊敏碑

泠 張公神碑

軨

軨 繁陽令楊君碑

軨 樊毅脩華嶽碑

零

零 劉熊碑

零 吳仲山碑

零 侯成碑

零 李翊夫人碑

零 周憬功勳銘

寧 奴經切

寧 北海相景君碑

寧 楊君斜谷碑

寧 孫根碑

寧 益州守無名碑

寧 鄭烈碑

寧 元賓碑

寧 孔宙碑陰

寧 史晨祠孔廟銘

寧 武斑碑

寧 張納功德敘

寧 夏承碑

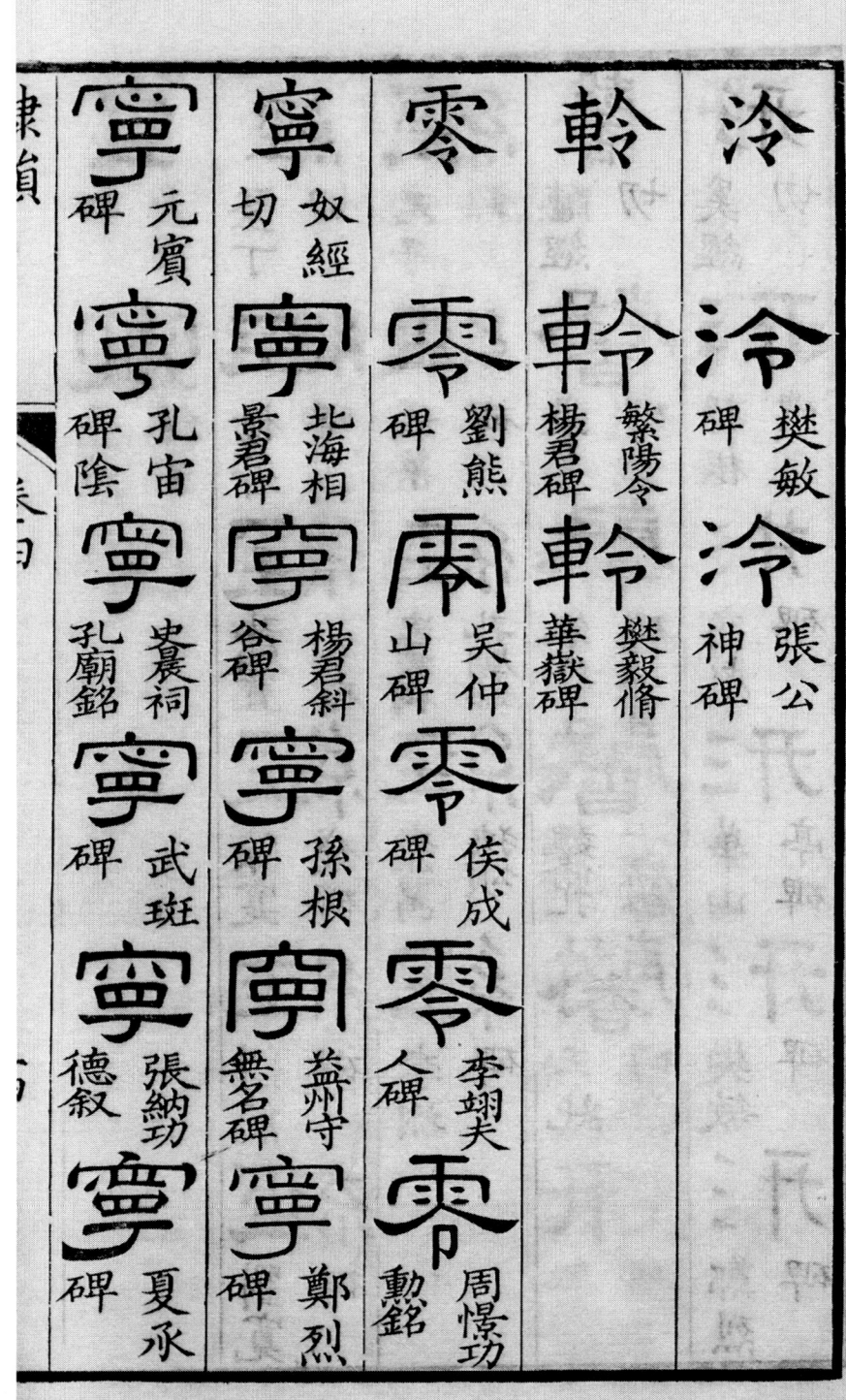

寍 寍燕然銘

經堅丁切 經楊著碑 經孔廟置卒史碑 經陳寔殘碑 經劉熊碑 經劉寬碑

經老子銘 經武梁碑 經史晨祠孔廟銘 經李翕西狹頌 經李翊碑

馨醯經切 馨張表碑 馨朱龜碑 馨魏脩孔子廟碑 馨王純碑

形奚經切 形孫根碑 形高彪碑 形華山亭碑 形樊敏碑 形鄭烈碑

形 北海相景君碑 形 費鳳碑陰

刑 刑 石經尚書 刑 李翊碑 刑 張納功德叙 刑 劉寬碑 刑 靈臺碑

刑 孫叔敖碑 刑 馮緄碑

邢 邢 郭究碑 邢 武梁畫像碑

熒 惠扃切 熒 鄭烈碑 熒 孔從事碑

垌 消熒切 垌 孫根碑 垌 老子銘

十六蒸

蒸 諸仍切 蒸 孫叔敖碑

烝 烝 中部碑 烝 魏大饗碑 烝 周憬功勳銘 烝 張表碑 烝 平都侯蔣君碑

承 辰陵切 承 石經尚書 承 楊君斜谷碑 承 靈臺碑 承 孔從事碑 承 孫根碑

承 魏受禪表
承 周公禮殿記

丞
丞 孔廟置卒史碑
丞 華山廟碑
丞 華山亭碑
丞 張公神碑
丞 魯峻碑

丞 高頤闕碑
丞 戚伯著碑
丞 楊淮碑

繩 神陵切
繩 老子銘
繩 郭究碑
繩 武梁畫像碑
繩 夏承碑
繩 鄭三益碑

乘
乘 燕然銘
乘 孫根碑
乘 張公神碑
乘 殽阬君碑
乘 公乘伯喬題名

升 書蒸切
升 袁良碑
升 孔謙碣
升 魏大饗碑
升 楊君斜谷碑
升 張納碑陰

升 孫根碑
升 朱龜碑
升 周憬功勳銘
升 中部碑
升 孔從事碑

稱 蚩陵切
稱 石經論語
稱 史晨祠孔廟銘
稱 孔宙碑
稱 孫根碑
稱 李翊夫人碑

稱 魏受禪表
稱 老子銘
稱 李翊碑
稱 馮緄碑
稱 孟郁脩堯廟碑
稱 綏民尉熊君碑

爯
爯 綏民尉熊君碑

仍 如陵切
仍 郙閣頌
仍 劉寬後碑
仍 繁陽令楊君碑
仍 樊毅復民租碑
仍 孔從事碑
仍 樊毅脩華嶽碑

冰 悲陵切
冰 度尚碑
冰 鄭烈碑
冰 夏堪碑

弸
弸 魯峻碑

憑 皮冰切
憑 樊毅脩華嶽碑

澄 持陵切 澄 孫叔敖碑

陵 閭承切 陵 石經論語 陵 孟郁脩堯廟碑 陵 張平子碑 陵 魯峻碑 陵 何君閣道碑

陵 孫叔敖碑 陵 桐栢廟碑 陵 綏民尉熊君碑 陵 周憬功勳銘 陵 龐公神道 陵 處士嚴發碑

淩 淩 老子銘 淩 魏尊號奏碑 淩 燕然銘

蔆 蔆 孔耽神祠碑

蠅 余陵切
蠅 楊震碑

膺 於陵切
膺 孔謙碣
膺 朱龜碑
膺 北海相景君碑
膺 橫海呂將軍碑
膺 繁陽令楊君碑

鷹
鷹 張表碑
鷹 李翊碑

凝 魚陵切
凝 樊毅脩華嶽碑

興 虛陵切
興 石經論語
興 張納碑陰
興 綏民尉熊君碑
興 楊君斜谷碑
興 靈臺碑

興 楊震碑 興 史晨祠孔廟銘 興 孫根碑 興 戚伯著碑 興 唐扶頌

矜 居陵切 矜 石經論語 矜 孫叔敖碑 矜 費鳳碑陰 矜 辛李君造橋碑 矜 魏受禪表

十七登

登 都騰切 登 魏大饗碑 登 楊君斜谷碑 登 楊震碑 登 費汎碑 登 劉寬碑

登 張壽碑 登 繁陽令楊君碑

鐙　鐙耿氏鐙字

騰徒登切　騰衷良碑　騰曹騰碑陰　騰貫鳳碑陰　騰魏脩孔子廟碑

滕　滕孔宙碑陰　滕魏石經左傳

棱盧登切亦作楞　楞殽阬君碑陰　棱楊統碑

能奴登切　能石經論語　能樊敏碑　能孫叔敖碑　能辛李君造橋碑　能鄭烈碑

能 唐扶頌 能 魯峻碑 能 樊毅脩華嶽碑 能 吳仲山碑 能 鄭固碑 能 李翕西狹頌

朋 薄登切 朋 石經尚書 朋 元賓碑 朋 譙敏碑 朋 婁壽碑

崩 北滕切 崩 孔宙碑 崩 魏尊號奏碑

僧 思登切 僧 大饗記殘碑

增 咨登切 增 平都侯蔣君碑 增 孫根碑 增 樊毅復民租碑 增 史晨祠孔廟銘 增 周公禮殿記

增 蔡湛頌

曾 曾 石經論語

層 才登切 增 魏大饗碑

肱 古薨切 肱 劉寬後碑 肱 樊敏碑 肱 孟郁脩堯廟碑

薨 呼肱切 薨 鄭烈碑 薨 劉寬碑 薨 衷良碑 薨 繁陽令楊君碑

十八尤

尤 于求切 尤 馮緄碑 尤 元賓碑 尤 楊君斜谷碑 尤 王純碑

郵 郵 孔從事碑 郵 韓勑碑陰 郵 唐公房碑陰 郵 郭究碑 郵 靈臺碑陰

郵 夏承碑 郵 張壽碑 郵 孫根碑

休 虛尤切 休 樊毅脩華嶽碑 休 緐民尉熊君碑 休 元賓碑 休 唐公房碑 休 華山亭碑

休 劉寬碑
休 鄭烈碑

丘 驅尤切
丘 石經論語
丘 張平子碑
丘 史晨祠孔廟銘
丘 綏民尉熊君碑
丘 樊敏碑

丘 孔宙碑陰
丘 楊震碑陰

鳩 居尤切
鳩 魏尊號奏碑
鳩 唐扶頌

求 渠尤切
求 石經論語
求 魏元丕碑
求 孫根碑
求 楊統碑
求 吳仲山碑

裒

裒 帝堯碑

逑

逑 劉寬碑陰

球 亦作璆

璆 華山亭碑

球 靈臺碑陰

璆 華山廟碑

仇

仇 帝堯碑

仇 昌國等題名碑

仇 劉熊碑陰

牛 魚尤切

牛 孔廟置卒史碑

牛 唐公房碑

牛 周憬功勳銘

憂 於丘切 憂 楊著碑 憂 孫叔敖碑 憂 李翊碑 憂 圉令趙君碑 憂 吳仲山碑

優 優 張平子碑 優 孟郁脩堯廟碑 優 華山亭碑 優 孫叔敖碑 優 婁壽碑

優 圉令趙君碑 優 譙敏碑

由 夷周切 由 石經論語 由 劉熊碑 由 綏民尉熊君碑 由 樊毅脩華嶽碑 由 費汎碑

由 魏脩孔子廟碑 由 羊竇道碑

攸
攸 石經尚書
攸 楊君斜谷碑
攸 北海相景君碑
攸 劉寬碑
攸 華山亭碑

攸 張表碑
攸 婁壽碑

悠
悠 鄭烈碑
悠 費鳳碑陰
悠 劉寬後碑
悠 張表碑
悠 逢盛碑

斿
斿 石經論語
斿 孔彪碑

游
游 費鳳碑
游 靈臺碑
游 高頤碑
游 孟郁脩堯廟碑

遊　遊石經尚書　遊帝堯碑　遊魏脩孔子廟碑

猶　猶石經論語　猶魏受禪表　猶周憬功勳銘　猶白石神君碑

猷　猷鄭烈碑　猷袁良碑

抽丑鳩切　抽張納功德敘　抽度尚碑

瘳　瘳祝睦後碑　瘳仲定碑

惆 惆 孔耽神祠碑

疇 除留切 疇 魏脩孔子廟碑 疇 帝堯碑 疇 丁魴碑 疇 北海相景君碑 疇 李翊夫人碑

疇 元賓碑 疇 郭旻碑

籌 籌 綏民尉熊君碑 籌 郭究碑

稠 稠 劉寬碑陰

裯 裯 劉熊碑陰

留 力求切 畱 樊敏碑 畱 鄭烈碑 畱 楊著碑 畱 王君石路碑 畱 費汎碑

流 流 劉熊碑 流 郙閣頌 流 綏民尉熊君碑 流 北海相景君碑 流 張平子碑

流 周憬功勳銘 流 鄭烈碑 流 孟郁脩堯廟碑 流 老子銘 流 靈臺碑 流 張表碑

流 楊震碑 流 孫根碑 流 魏大饗碑 流 張納功德叙 流 夏承碑

劉 劉石經公羊 劉樊安碑 劉馮緄碑 劉繁陽令楊君碑 劉劉熊碑

劉樊敏碑 劉帝堯碑 劉桐栢廟碑 劉華山亭碑 劉景君碑陰 劉孔從事碑

劉殽阬君碑陰 劉劉君閣道題字 劉劉寬神道碑 劉征南劉君神道

脩思留切 脩朱龜碑 脩孫根碑 脩李翊夫人碑 脩周公禮殿記 脩靈臺碑

脩北海相景君碑 脩綏民尉熊君碑 脩史晨祠孔廟銘 脩楊統碑 脩武梁碑 脩鄭三益碑

羞
羞 司空殘碑

秋 此由切
秋 石經公羊
秋 楊君斜谷碑
秋 鄭烈碑
龝 燕然銘
秋 唐公房碑
秋 孔廟置卒史碑
秋 綏民尉熊君碑
秋 樊毅脩華嶽碑
秋 孔宙碑
龝 楊著碑

啾 即由切
啾 周憬功勳銘

收 尸周切
收 馮緄碑
收 張納功德叙
收 李翊夫人碑
收 徐氏紀產碑
收 唐公房碑

攷 孫叔敖碑

犨 蚩周切

犨 秦頡碑

讎 是周切

讎 度尚碑

酬

酬 魏大饗碑

酬 孔宙碑

詶

詶 劉寬碑

詶 鄭烈碑

周 之由切

周 石經公羊

周 中部碑

周 周公禮殿記

周 孫根碑

周 老子銘

周 魯峻碑

周 樊安碑

周 綏民尉熊君碑

周 史晨祠孔廟銘

州

州 是邦雄桀碑

州 魏尊號奏碑

州 北海相景君碑

州 元賓碑

州 馮煥神道碑

州 夏承碑

州 王稚子闕碑

州 高頤闕碑

州 綏民尉熊君碑

州 樊毅脩華嶽碑

州 高頤碑

州 唐公房碑陰

州 謁者景君墓表

賙
賙 魏受禪表

舟
舟 魏大饗碑
舟 辛李君造橋碑
舟 脩孔廟後碑
舟 周憬功勳銘
舟 孟郁脩堯廟碑

柔 而由切
柔 石經尚書
柔 孫根碑
柔 魏受禪表
柔 鄭烈碑
柔 費鳳碑
柔 楊統碑
柔 劉衡碑
柔 李翕西狹頌

搜 踈鳩切
搜 劉衡碑

廋 廋 石經論語

鄒 側鳩切 鄒 張元題名碑

愁 鋤尤切 愁 楊君斜谷碑

浮 房尤切 浮 郭究碑 浮 唐公房碑 浮 劉寬碑 浮 孔彪碑 浮 夏堪碑

涪 涪 龐公神道

彪 補休切
彪 劉熊碑
彪 孔從事碑
彪 劉熊碑陰
彪 孔彪碑
彪 司空殘碑

十九侯

侯 胡鉤切
侯 石經公羊
侯 戚伯著碑
侯 唐扶頌
侯 橫海呂將軍碑
侯 楊著碑
侯 孔廟置卒史碑
侯 韓勑碑陰
侯 靈臺碑
侯 劉熊碑
侯 漢磚銘

喉
喉 劉寬後碑
喉 辛李君造橋碑
喉 鄭烈碑

歐 烏侯切
歐 楊震碑
歐 孔從事碑

鉤 古侯切
鉤 費鳳碑陰
鉤 史晨祠孔廟銘
鉤 魏受禪表

溝
溝 史晨饗孔廟碑
溝 侯成碑

裒 蒲侯切
裒 孫叔敖碑陰

謀 莫侯切
謀 石經尚書
謀 張表碑
謀 王純碑
謀 華山亭碑
謀 張納碑陰

諆楊君斜谷碑　諆魏脩孔子廟碑　謀老子銘　謀樊毅復民租碑　謀劉寬後碑

牟　牟唐公房碑　牟孔廟置卒史碑　牟張納碑陰　牟朱龜碑　牟楊淮碑

蛑　蛑張壽碑

侔　侔魏受禪表　侔鄭烈碑

諏將侯切　諏州輔碑　諏劉熊碑

頭 徒侯切
頭 孔廟置卒史碑
頭 武梁畫像碑

投
投 樊敏碑
投 繁陽令楊君碑
投 費鳳碑陰
投 周憬功勳銘
投 楊著碑

投 帝堯碑
投 蔡湛頌

婁 盧侯切
婁 史晨祠孔廟銘

樓
樓 鄭子真舍宅碑
樓 吳仲山碑

螻 螻 魏受禪表

二十幽

幽 於虯切 幽 靈臺碑 幽 馮煥神道碑 幽 老子銘 幽 度尚碑 幽 朱龜碑

呦 呦 張公神碑

二十一侵

侵 千尋切 侵 靈臺碑 侵 朱龜碑

心 思尋切 心 石經論語 心 華山亭碑 心 樊安碑 心 繁陽令楊君碑 心 孫根碑

心 魏尊號奏碑 心 劉寬後碑 心 高頤碑 心 楊君斜谷碑 心 老子銘 心 樊毅脩華嶽碑

尋 徐心切 尋 魏脩孔子廟碑 尋 老子銘 尋 夏承碑

撏 撏 華山亭碑 撏 元賓碑

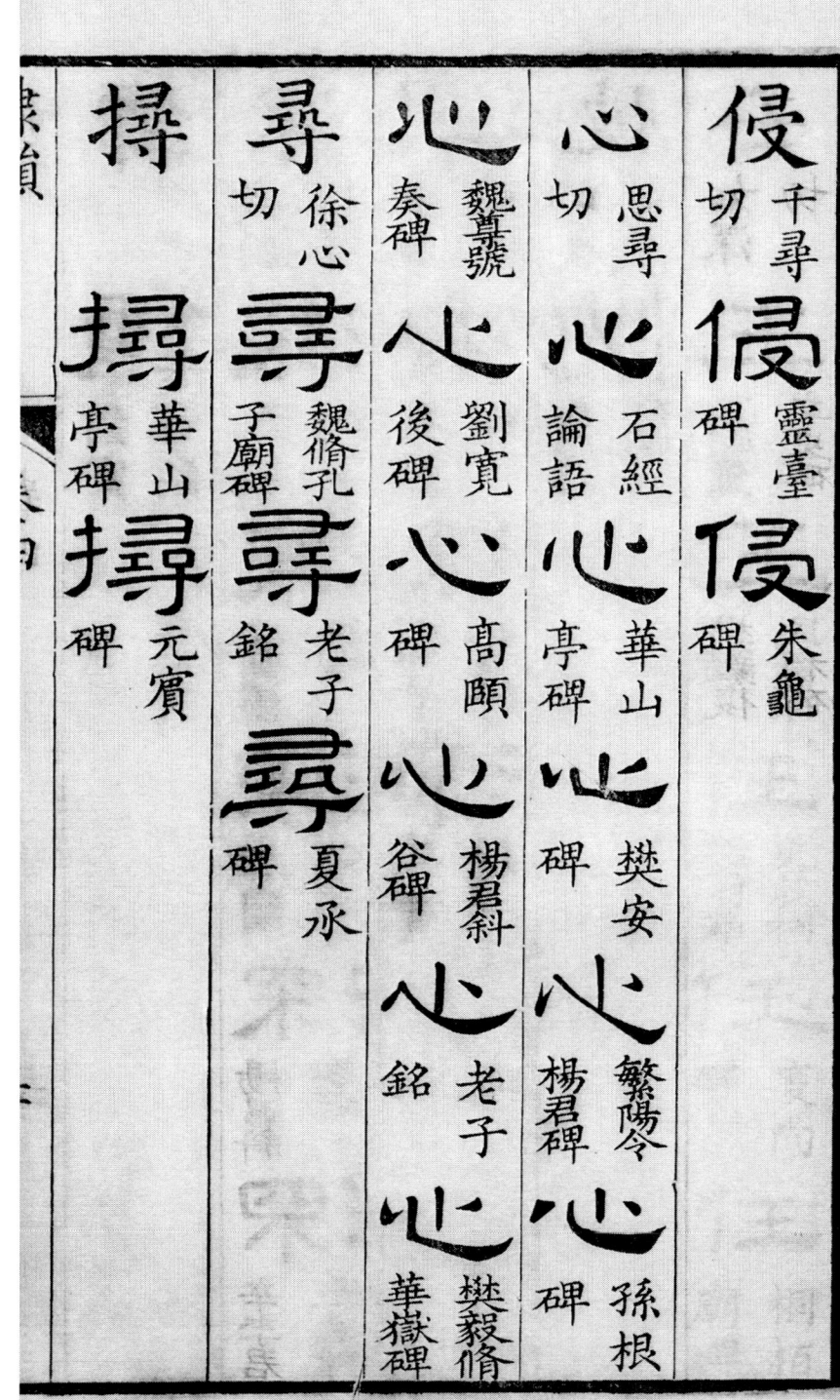

鐔 鐔劉寬碑陰

深式針切 深譙敏碑 深孔廟禮器碑 深郙閣頌 深楊君斜谷碑 深辛李君造橋碑

深李翊碑 深孔謙碣 深張平子碑 深羊竇道碑

忱時壬切 忱唐公房碑陰

壬如深切 壬孔廟置卒史碑 壬樊毅復民租碑

任

任 石經尚書

任 何君閣道碑

任 史晨祠孔廟銘

任 度尚碑

任 桐栢廟碑

任 中部碑

任 夏承碑

參 疏簪切

參 楊著碑

岑 鋤簪切

岑 張納碑陰

郴 丑林切

郴 周憬碑陰

綝 綝劉熊碑陰 綝宗俱碑陰

沈持林切 沈辛李君造橋碑 沈桐栢廟碑 沈周憬功勳銘 沈郙閣頌

林犂沉切 林劉寬碑 林義井碑陰 林鄭烈碑 林婁壽碑

霖 霖郙閣頌

臨 臨帝堯碑 臨劉寬碑 臨魏大饗碑 臨鄭烈碑 臨孫根碑

臨 魏脩孔子廟碑 臨 武梁碑 臨 武斑碑 臨 史晨祠孔廟銘 臨 景君碑陰 臨 祝睦後碑

臨 何君閣道碑 臨 李翕西狹頌 臨 夏承碑

淫 夷斟切 淫 石經尚書 淫 樊毅脩華嶽碑 淫 魏大饗碑

音 於金切 音 周公禮殿記 音 鄭烈碑 音 孔廟禮器碑 音 樊毅脩華嶽碑 音 張平子碑

陰 陰 樊毅脩華嶽碑 陰 魏尊號奏碑 陰 武梁畫像碑 陰 高頤闕碑 陰 秦頡碑

隸韻 卷四

陰 劉寬碑
陰 孫叔敖碑
陰 横海呂將軍碑
陰 李翊夫人碑
陰 老子銘
陰 魯相謁孔廟碑

吟 魚音切
唫 平輿令薛君碑

歆 虛金切
歆 魏尊號奏碑
歆 桐栢廟碑
歆 魏大饗碑
歆 唐公房碑
歆 夏承碑

欽 驅音切
欽 孫叔敖碑
欽 周憬功勳銘
欽 魏受禪表
欽 孔耽神祠碑
欽 樊敏碑

今 居吟切
今 石經尚書
今 老子銘
今 李翕西狹頌
今 魏脩孔子廟碑
今 侯成碑

金 金張平子碑 金孫叔敖碑 金張納碑陰 金徐氏紀產碑 金老子銘

金楊震碑 金夔士金恭闕碑 金侯成碑 金綏民尉熊君碑 金楊淮碑 金唐扶頌

金楊統碑 金夏承碑

琴渠金切 琴帝堯碑 琴魯峻碑 琴馬江碑

黔 黔帝堯碑 黔華山亭碑 黔費鳳碑陰

禽
禽 魏受禪表
禽 孔耽神祠碑
禽 魯峻碑
禽 費鳳碑
禽 校官碑
禽 周憬功勳銘
禽 張納功德敘

二十二覃

譚 徒含切
譚 樊敏碑

潭
潭 周憬碑陰
潭 張納功德敘

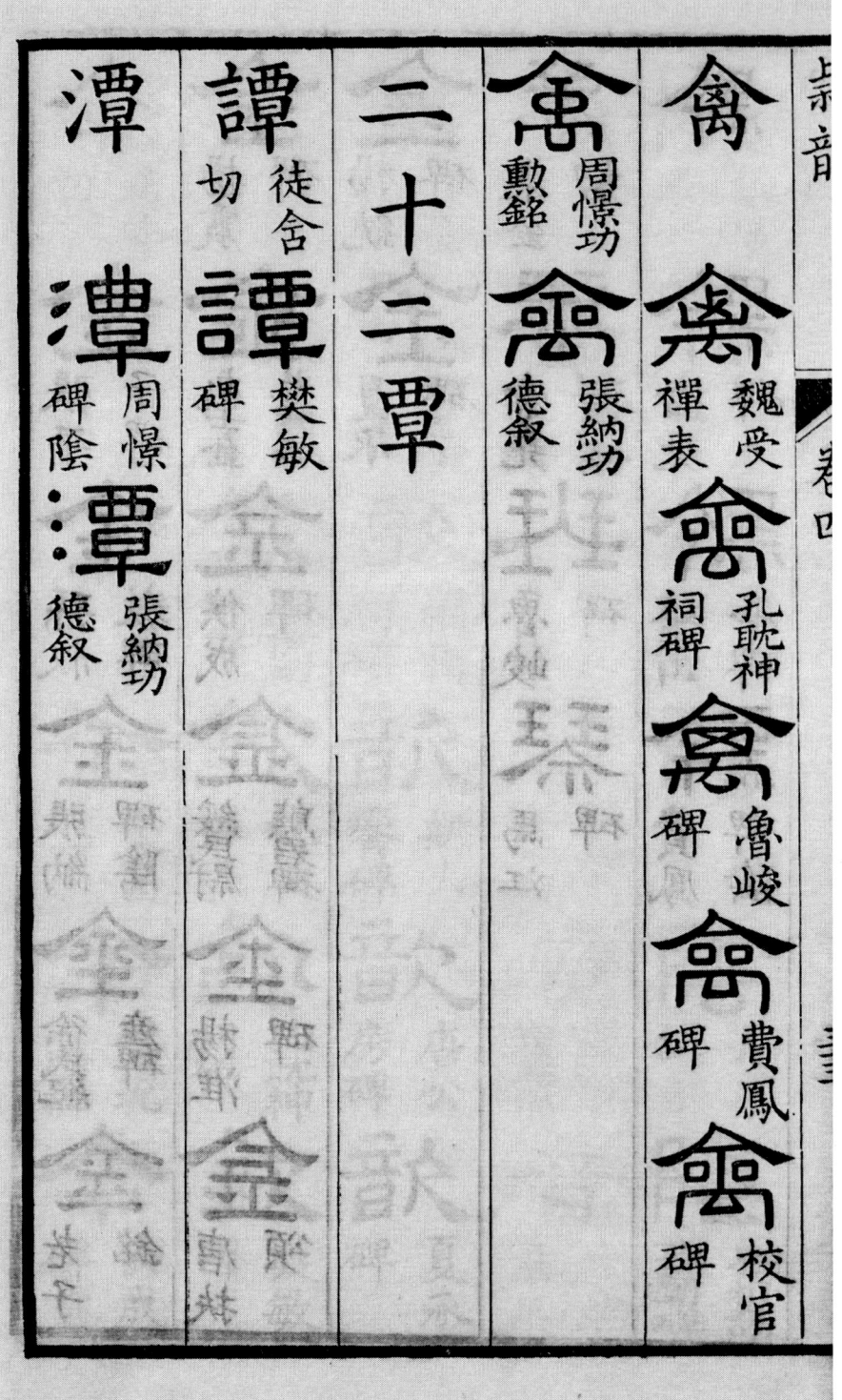

鐔

鐔 張納碑陰

曇

曇 靈臺碑陰

戡

戡 孫根碑

貪 他含切

貪 李翊碑

貪 樊敏碑

貪 孫根碑

貪 孫叔敖碑

耽 都含切

耽 郭究碑

耽 無極山碑

耽 樊敏碑

耽 張納功德敘

耽 唐扶頌

嵐 盧含切
嵐 殽阬君碑陰

南 那含切
南 魏受禪表
南 孔從事碑
南 楊君斜谷碑
南 周憬功勳銘
南 樊安碑
南 劉寬後碑
南 馮緄碑
南 孔廟置卒史碑
南 綏民尉熊君碑
南 馮煥神道碑
南 孫叔敖碑
南 樊敏碑
南 韓勑碑陰
南 馮煥碑陰
南 魯峻碑
南 羊竇道碑
南 征南劉君神道

男
男 魏大饗碑
男 李翊夫人碑
男 鄭烈碑
男 郭輔碑
男 徐氏紀產碑

男 鄭固碑
男 孫叔敖碑陰

參 倉含切
参 鄭烈碑
参 樊敏碑
参 北海相景君碑
参 周憬功勳銘
参 衡方碑

驂
驂 孫叔敖碑

蠶 祖含切
蠶 魏受禪表

堪 苦含切
堪 費鳳碑陰
堪 樊毅復民租碑
堪 夏堪碑

含 胡南切 含 孫根碑 含 唐扶頌 含 鄭烈碑 含 郭究碑 含 老子銘

二十三談

談 徒甘切 談 史晨祠孔廟銘

澹 澹 綏民尉熊君碑

聃 他甘切 聃 老子銘

儋 都甘切 儋 老子銘 儋 羊竇道碑

三 蘇甘切 三 石經尚書 三 魏脩孔子廟碑 三 老子銘 三 孔廟置卒史碑 三 巴官鐵盆銘

慙 財甘切 慙 吴仲山碑

甘 沽三切 甘 魏受禪表 甘 楊統碑 甘 靈臺碑 甘 樊毅復民租碑 甘 北海相景君碑

甘 華山亭碑

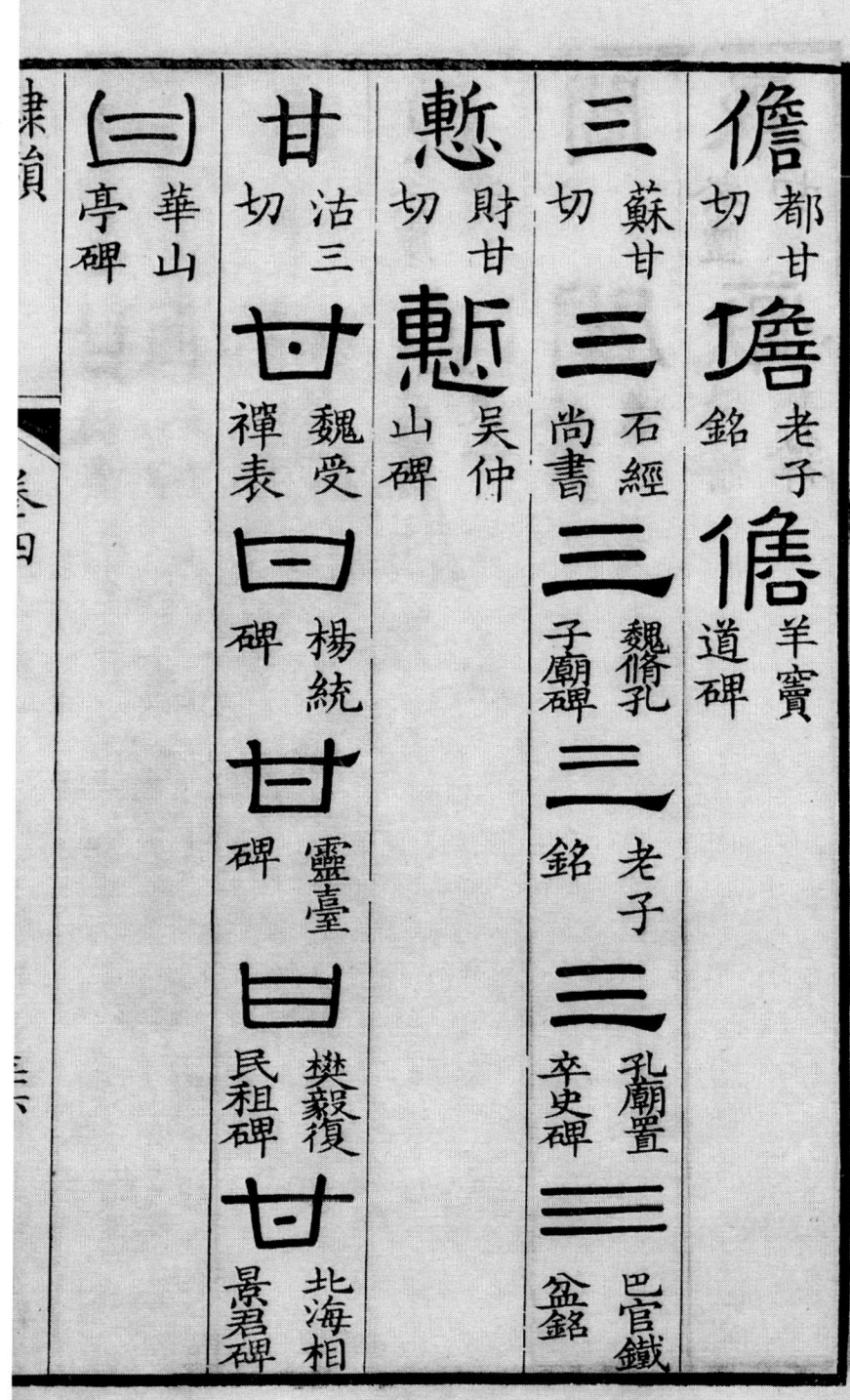

酣 胡甘切

酣 魏大饗碑

二十四鹽

鹽 余廉切

鹽 武梁畫像碑

閻

閻 蔡湛頌

厭 於鹽切

厭 樊毅脩華嶽碑

暹 思廉切 暹 劉寬碑陰

僉 千廉切 僉 孟郁脩堯廟碑 僉 樊敏碑

殲 將廉切 殲 元賓碑 殲 夏承碑

瀸 瀸 樊毅復民租碑

潛 慈鹽切 潛 桐柏廟碑 潛 朱龜碑 潛 劉寬碑 潛 北海相景君碑 潛 夏承碑

噡 之廉切 噡 孫叔敖碑

瞻 瞻 孟郁脩堯廟碑 瞻 費鳳碑陰 瞻 張平子碑 瞻 平都侯蔣君碑

占 占 楊統碑

霑 知廉切 亦作沾 霑 李翊夫人碑 沾 魏受禪表 沾 高頤碑 沾 孟郁脩堯廟碑 霑 司馬季德碑

廉 力鹽切 廉 楊淮碑 廉 元賓碑 廉 孫叔敖碑 廉 唐扶頌 廉 高頤闕碑

廉 費鳳碑陰 廉 周憬功勳銘

磏 磏 孟郁脩堯廟碑

炎 于廉切 炎 石經尚書 炎 周公禮殿記 炎 朱龜碑

淹 衣廉切 淹 夏承碑

鈐 其廉切 鈐 帝堯碑

二十五添

恬 徒廉切
恬 郭究碑
恬 劉寬碑
恬 張表碑
恬 侯成碑

謙 苦兼切
謙 魏受禪表
謙 老子銘
謙 劉寬碑
謙 史晨祠孔廟銘
謙 李翊碑
謙 華山亭碑
嗛 馮焕碑陰

兼 吉嫌切
兼 曹騰碑陰
兼 郭究碑
兼 樊毅復民租碑
兼 李翊碑
兼 謁者景君墓表

二十六嚴

嚴魚杴切　嚴石經尚書　嚴孔從事碑　嚴樊敏碑　嚴孔宙碑　嚴楊統碑

嚴孔廟置卒史碑　嚴張納碑陰

二十七咸

咸胡嵒切　咸華山亭碑　咸費鳳碑陰　咸魏大饗碑　咸繁陽令楊君碑　咸樊敏碑

鹹 石經尚書

函 甄右識坐函

二十八銜

銜 乎監切 帝堯碑 朱龜碑 魏受禪表 蔡湛頌

監 古銜切 孔廟置卒史碑 高彪碑 華山亭碑 張納碑陰 戚伯著碑

巖 魚銜切
巖 孟郁脩堯廟碑
巖 華山亭碑
巗 魯峻碑
巖 白石神君碑
巖 華山廟碑
巖 孫根碑

芟 師銜切
芟 陳球後碑

二十九凡

凡 符咸切
凡 石經公羊
凡 楊震碑
凡 孔宙碑
凡 楊君斜谷碑
凡 楊著碑

凡 樊敏碑 凡 大僕荀君碑

氾 氾 劉熊碑陰 氾 羊竇道碑 氾 繁民尉熊君碑 氾 孔彪碑

柉 柉 孔廟禮器碑

隸韻卷第四終

隸韻 卷五

隸韻卷第五

上聲上

一董　二腫

三講　四紙

五旨　六止

七尾　八語
九麌　十姥
十一薺　十二蟹
十三駭　十四賄
十五海　十六軫

十七準　十八吻

十九隱　二十阮

二十一混　二十二很

二十三旱　二十四緩

一董

董 多動切 董 魯峻碑 董 北海景君碑陰

蕫 蕫 劉熊碑陰 蕫 董恢闕碑

動 徒揔切 動 石經尚書 動 夏承碑 動 綏民尉熊君碑 動 馮緄碑

曚 母揔切 曚 陳球後碑

總 作孔切亦作揔 揔 鄭烈碑 総 華山亭碑 緫 樊敏碑

偬 偬 周憬功勳銘

孔 康董切 孔 石經論語 孔 老子銘 孔 劉寬碑陰 孔 孔廟置卒史碑 孔 周憬功勳銘

塕 烏孔切 塕 老子銘

二腫

種 之隴切 種 費鳳碑

歱 歱 張表碑

宂 而隴切 宂 樊安碑 宂 譙敏碑 宂 史晨饗孔廟碑

竦 荀勇切 竦 楊統碑

聳 聳 繁陽令楊君碑

奉 父勇切 奉 孔廟置卒史碑

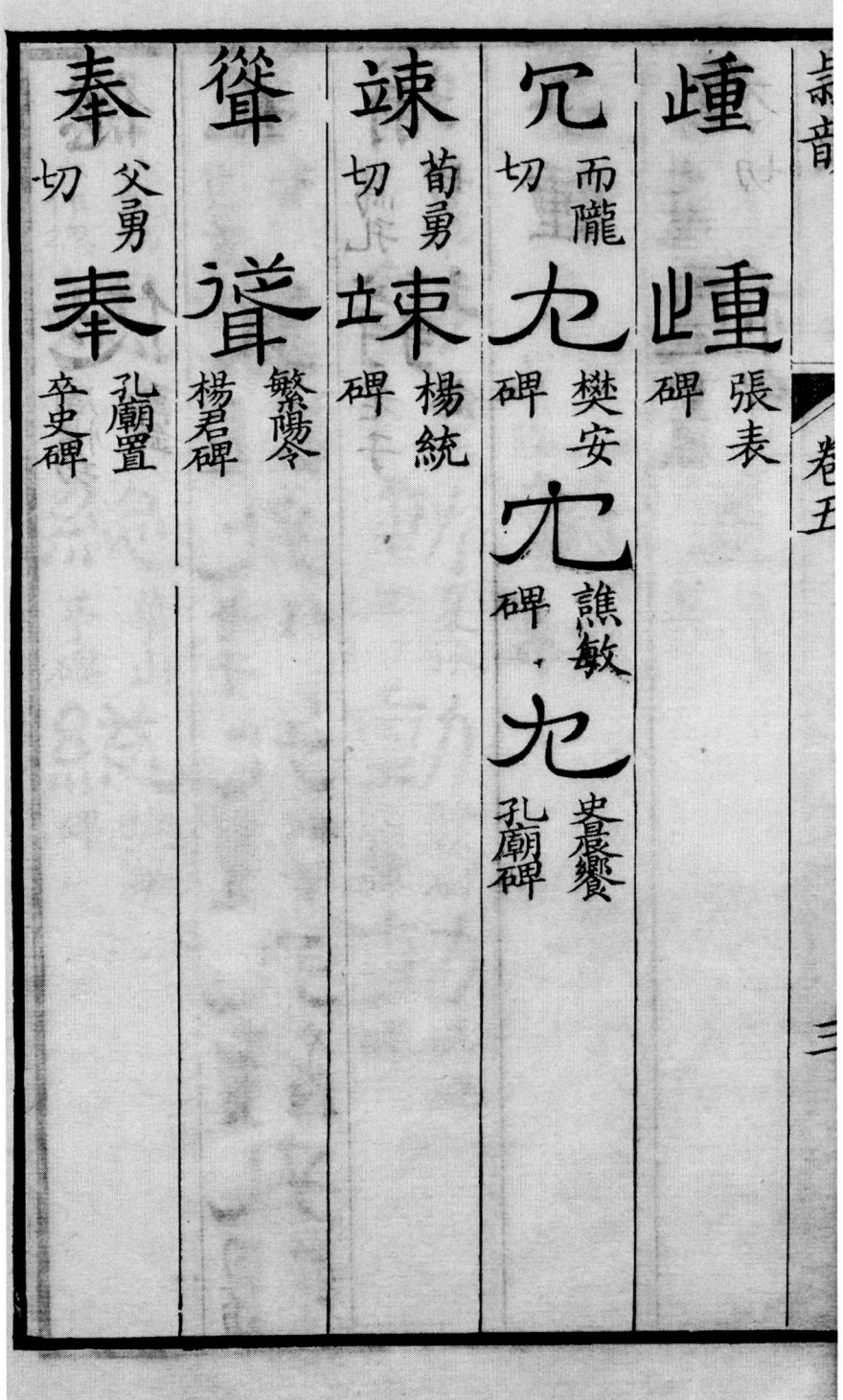

冢 知隴切 冢 真道冢碑 冢 孔從事碑 冢 史晨饗孔廟碑

寵 丑勇切 寵 樊毅脩華嶽碑 寵 楊著碑 寵 袁良碑 寵 劉熊碑陰 寵 夏承碑

寵 繁陽令楊君碑 寵 帝堯碑 寵 孫叔敖碑陰 寵 戚伯著碑

⿰忄重 直隴切 ⿰忄重 北海相景君碑 ⿰忄重 武榮碑 ⿰忄重 李翊夫人碑

隴 魯勇切 隴 華山亭碑 隴 馮緄碑 隴 劉寬碑陰

勇 余隴切
勇 袁良碑
勇 孔彪碑
勇 孫根碑

涌
涌 郙閣頌
涌 魏受禪表

踊 亦作踴
踊 周憬功勳銘
踊 靈臺碑
踊 費鳳碑陰
踊 夏承碑
踴 夏堪碑

悀
悀 李翕西狹頌

洶 許拱切
汹 周憬功勳銘

訩
訩 張表碑

恐 丘隴切
恐 石經論語
恐 樊毅復民租碑
恐 孔廟置卒史碑

拱 居悚切
拱 石經論語
拱 費鳳碑
拱 孟郁脩堯廟碑

鞏
鞏 魏元丕碑

擁 委勇切
擁 侯成碑
擁 賜馮煥詔

三講

講 古項切 講 婁壽碑 講 孫根碑 講 劉寬後碑 講 武榮碑

蚌 步項切 蚌 靈臺碑

項 戶講切 項 綏民尉熊君碑 項 費鳳碑 項 袁良碑 項 孔廟禮器碑

四紙

抵 諸氏切 扺 張表碑

砥 砥 劉熊碑 砥 郭旻碑

枳 枳 張納碑陰

軹 軹 劉寬碑陰

弛 施氏切 弛 朱龜碑

豕 豙 孔廟置卒史碑

侈 尺氏切 侈 苑鎮碑

㛅 㛅 費汎碑

是 上紙切 是 石經論語 是 孔廟置卒史碑 是 楊君斜谷碑 是 孫根碑 是 是邦雄桀碑

是 楊著碑 是 費鳳碑 是 陳寔殘碑 是 周憬功勳銘 是 金鄉長辥君碑 是 元賓碑

氏

氏 石經公羊

氏 楊著碑

氏 孫根碑

氏 樊毅脩華嶽碑

氏 孔廟置卒史碑

尒 忍氏切

尒 張平子碑

尒 吴仲山碑

爾

爾 石經尚書

爾 楊君斜谷碑

爾 孫根碑

爾 楊統碑

爾 費鳳碑陰

爾 張納功德敘

爾 孔彪碑

爾 平輿令薛君碑

爾 戚伯著碑

邇

邇 侯成碑

邇 樊毅復民租碑

邇 魯峻碑

邇 督郵斑碑

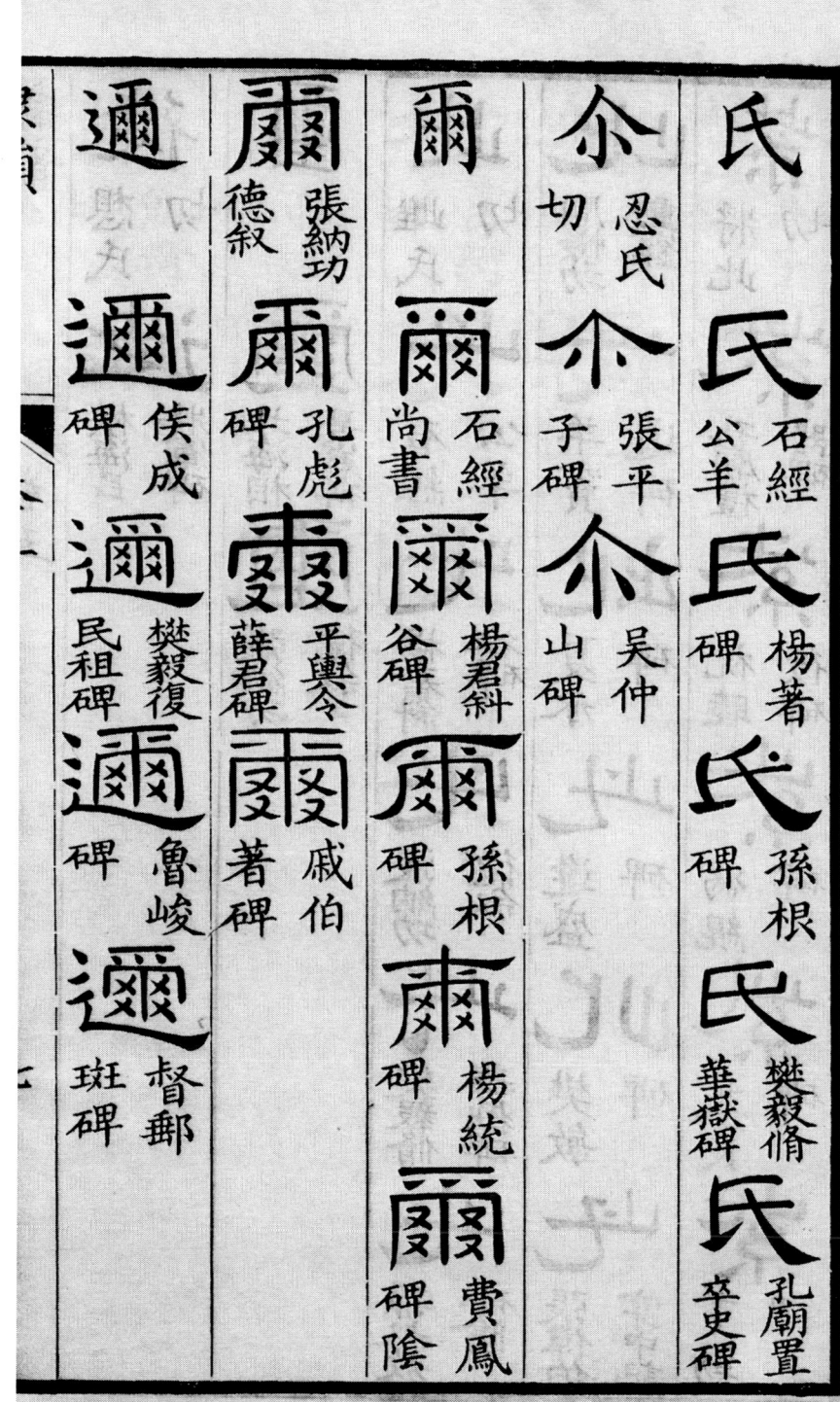

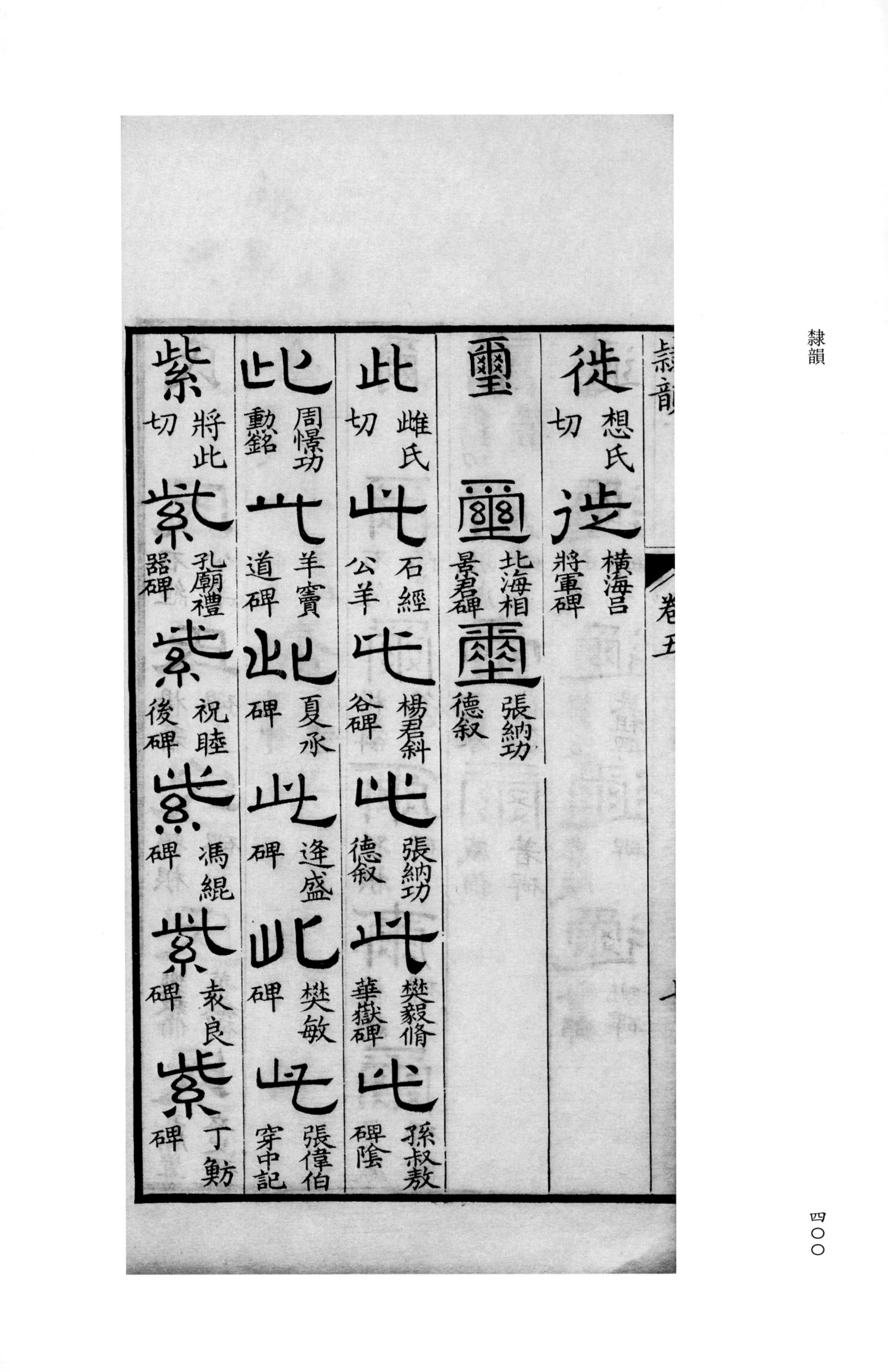

徙 想氏切
横海呂將軍碑

璽
北海相景君碑
張納功德叙

此 雌氏切
石經公羊
楊君斜谷碑
張納功德叙
樊毅脩華嶽碑
孫叔敖碑陰

周憬功勳銘
羊竇道碑
夏承碑
逢盛碑
樊敏碑
張偉伯穿中記

紫 將此切
孔廟禮器碑
祝睦後碑
馮緄碑
衷良碑
丁魴碑

鯈 老子銘

綺 去倚切 綺 四老神祚机碑

技 巨綺切 技 孫叔敖碑 技 孟郁脩堯廟碑 技 張平子碑

倚 隱綺切 倚 老子銘 倚 周公禮殿記

蛾 魚倚切 蝛 陳球後碑

委 於詭切 委 孔宙碑 委 孟郁脩堯廟碑 委 繁陽令楊君碑 委 北海相景君碑 委 張表碑

委 楊統碑 委 戚伯著碑

骫 骫 張表碑

毀 虎委切 毀 曹騰碑陰

詭 古委切 詭 謁者景君墓表

佹

佹 鄭固碑

俾 并弭切

俾 樊毅脩華嶽碑

俾 魏脩孔子廟碑

俾 平都侯蔣君碑

俾 樊安碑

俾 張納功德叙

婢 部弭切

婢 鄭子真舍宅碑

弭 緜婢切

弭 劉寬碑

弭 王政碑

彼 補委切

彼 費鳳碑陰

彼 孔彪碑

彼 靈臺碑

彼 桐柏廟碑

彼 朱龜碑

彼 孔宙碑 彼 李翊夫人碑

被 部靡切 被 北海相景君碑

靡 母被切 靡 唐扶頌 靡 王君石路碑 靡 夏承碑 靡 楊統碑

五旨

旨 軫視切 旨 魏大饗碑

指
指 楊著碑
指 白石神君碑

厎
厎 唐扶頌

矢 式視切
矢 唐扶頌

視 善旨切
視 史晨祠孔廟銘

眂
眂 劉寬碑
眂 費汎碑

水 式軌切
水 石經尚書
水 老子銘
水 桐栢廟碑
水 穀阮君碑

死 想姊切
死 孔廟置卒史碑
死 史晨祠孔廟銘
死 北海相景君碑

姊 蔣兕切
姊 費鳳碑陰
姊 武梁畫像碑
姊 堯廟碑陰

兕 序姊切
兕 孔宙碑
兕 費汎碑

雉 丈几切
雉 魏尊號奏碑

履 兩几切
履 王純碑
履 綏民尉熊君碑
履 劉熊碑
履 李翕坂碑
履 孔彪碑
履 夏承碑

累 魯水切 亦作絫
累 唐扶頌
纍 老子銘
累 史晨祠孔廟銘
累 楊統碑
累 夏承碑
累 郙閣頌
絫 綏民尉熊君碑

誄
誄 校官碑
誄 北海相景君碑

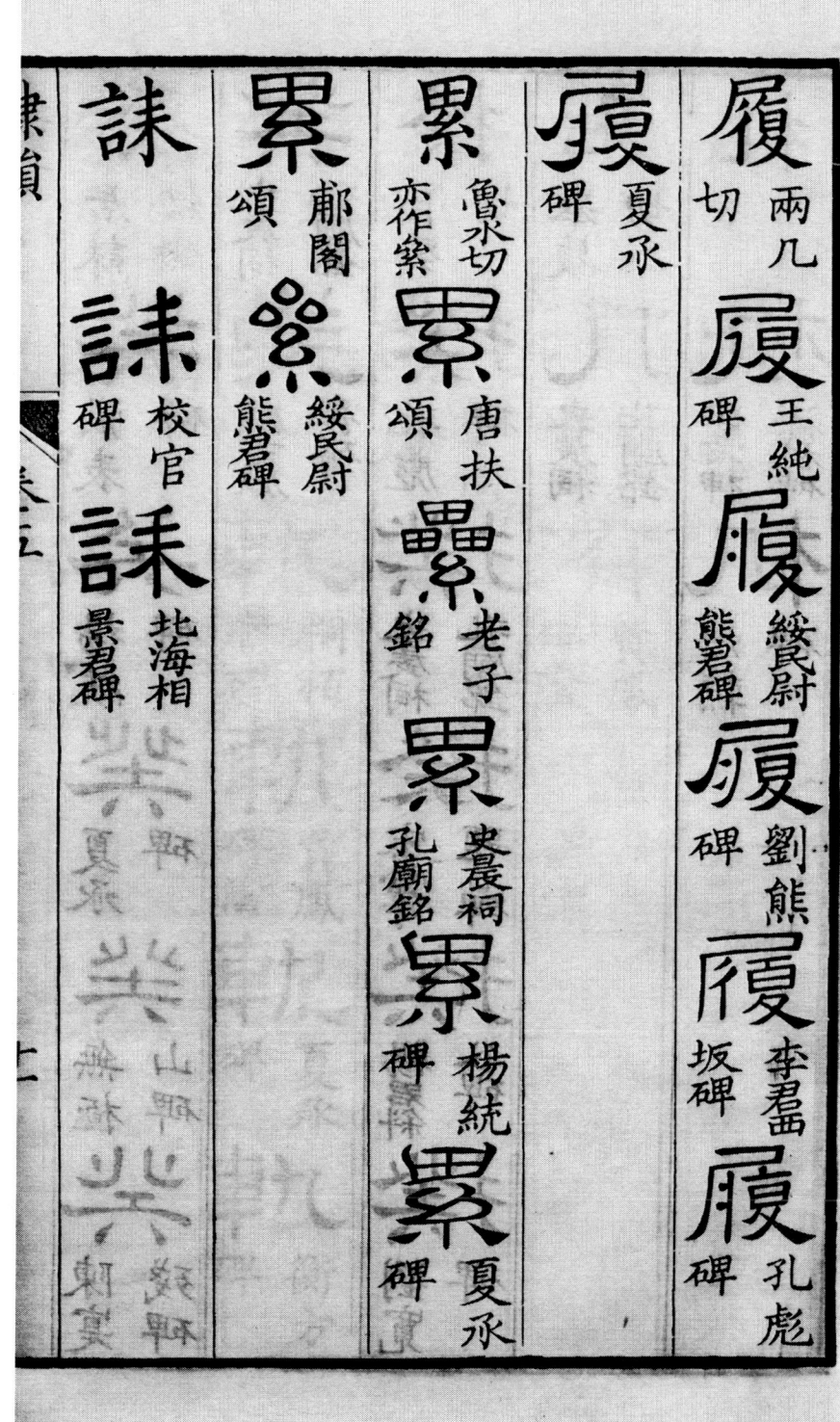

隸韻　卷五

癸 居誄切
癸 張表碑
癸 楊統碑
癸 夏承碑
癸 無極山碑
癸 陳寔殘碑
癸 史晨祠孔廟銘
美 處士巖發碑

揆 巨癸切
揆 孔彪碑
揆 史晨祠孔廟銘
揆 宋恩等題名碑
揆 楊君斜谷碑
揆 劉寬碑

几 舉履切
几 史晨祠孔廟銘

机
机 四老神祚机碑
机 州輔碑

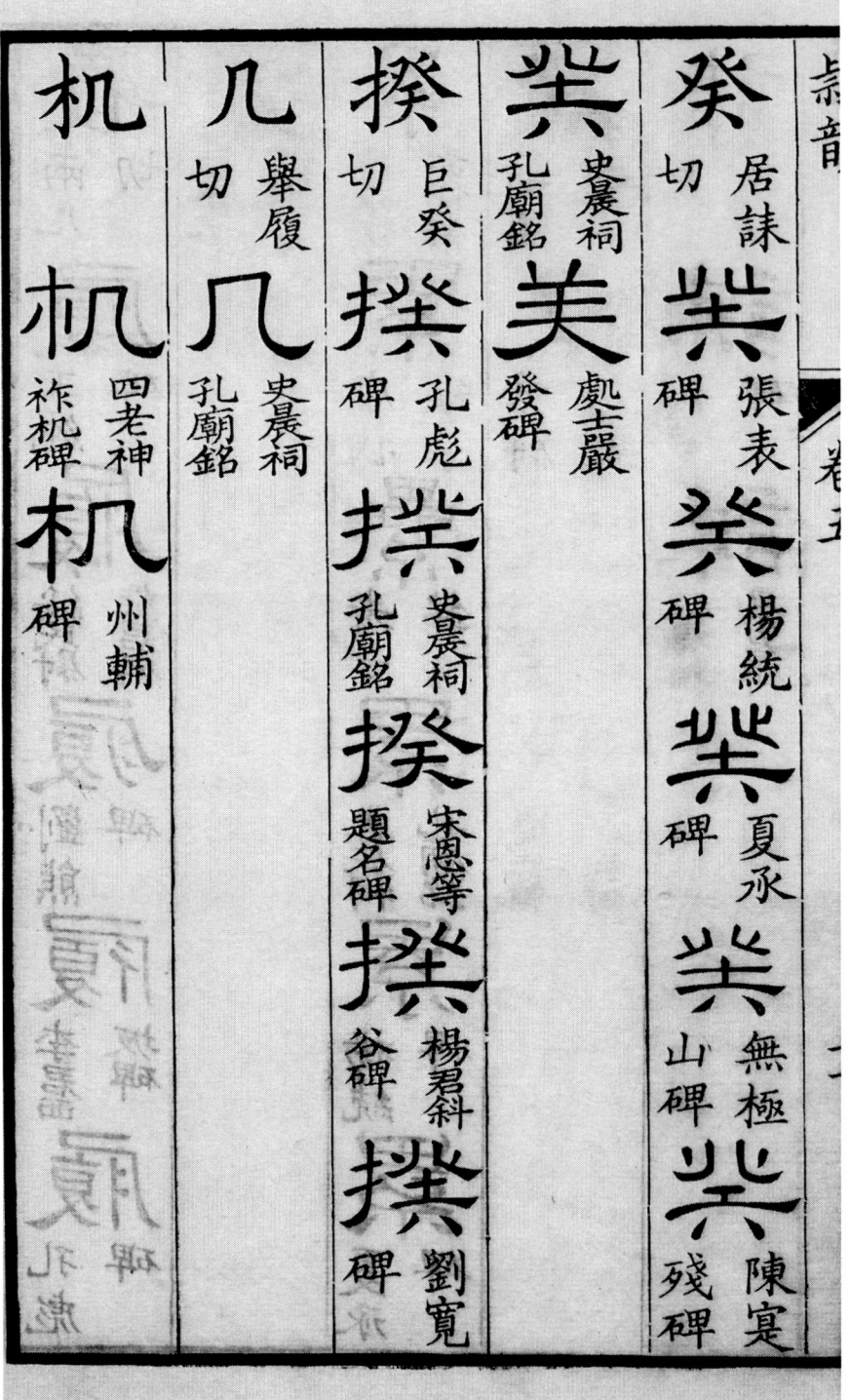

跽 巨几切

跽 史晨饗孔廟碑

洧 羽軌切

洧 侯成碑

洧 費鳳碑陰

鮪

鮪 何君閣道碑

軌 居洧切

軌 唐扶頌

軌 桐柏廟碑

軌 費鳳碑陰

軌 夏承碑

軌 衡方碑

軌 孫根碑

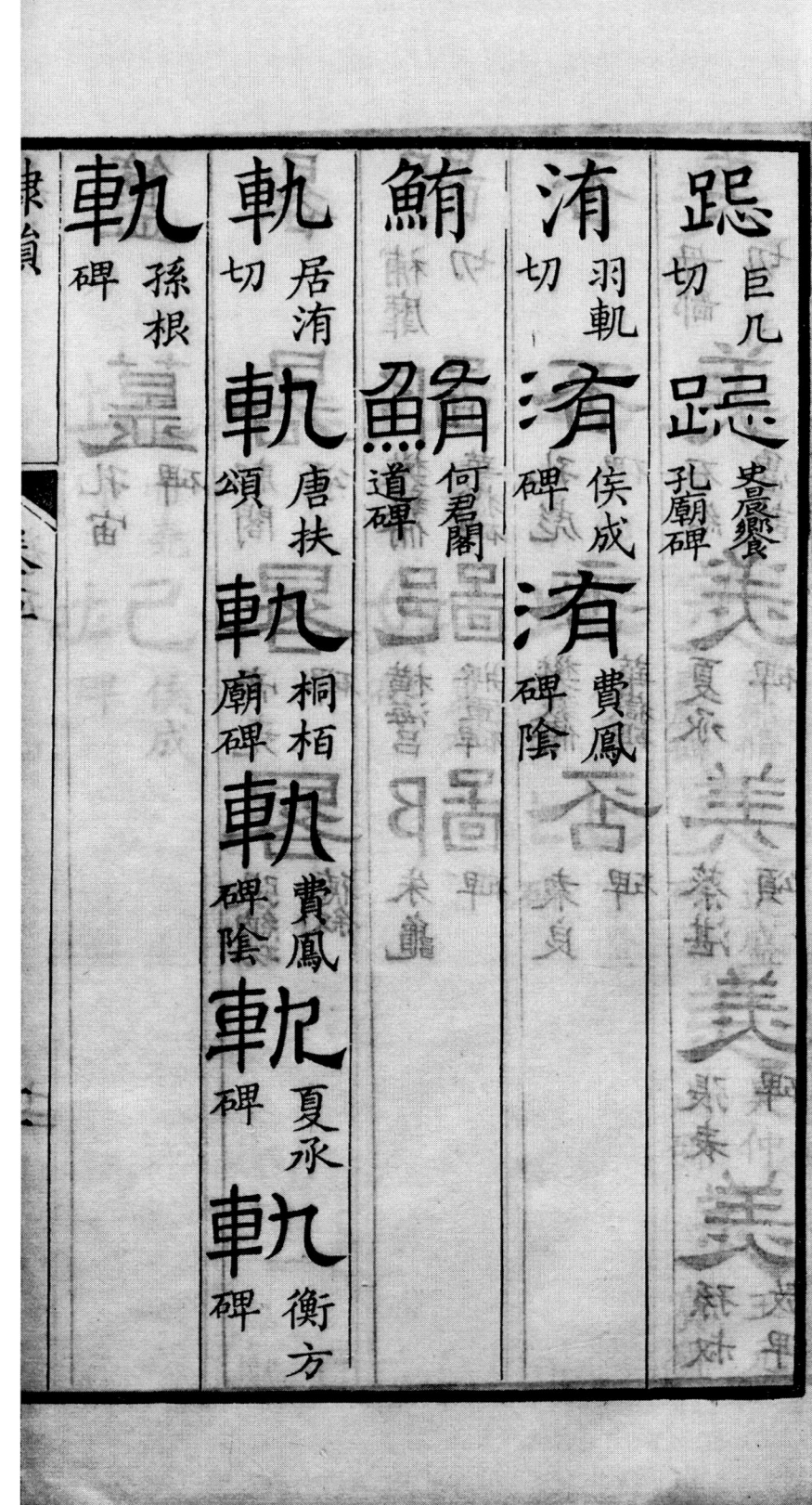

簋 孔宙碑

晷 郙閣頌

晷 帝堯碑

晷 張納功德叙

鄙 補靡切

鄙 樊毅脩華嶽碑

鄙 横海呂將軍碑

鄙 朱龜碑

否 孔彪碑

否 樊毅脩華嶽碑

否 衷良碑

美 母鄙切

美 石經魯詩

美 夏承碑

美 蔡湛頌

美 張表碑

美 孫叔敖碑

美 唐扶頌 美 孔彪碑 美 孟郁脩堯廟碑 美 逢盛碑 美 吳仲山碑 美 王元賓碑

比 畀履切 比 石經尚書 比 桐栢廟碑 比 靈臺碑

妣 妣 鄭固碑 妣 夏承碑

秕 秕 孔彪碑

圮 部鄙切 圮 帝堯碑 圮 侯成碑

六止

止 諸市切
止 石經論語
止 魯峻碑
止 李翕坂碑
止 夏承碑
止 戚伯著碑

阯
阯 交阯沈君神道
阯 劉寬碑陰

齒 昌里切
齒 孫根碑
齒 孫叔敖碑
齒 孫叔敖碑陰

始 詩止切
始 石經公羊
始 東海廟碑
始 樊毅脩華嶽碑
始 魯峻碑
始 殽阬君碑陰

市 上止切
市 靈臺碑
市 北海相景君碑
市 吳仲山碑

恃
恃 張納碑陰

耳 忍止切
耳 脩孔廟後碑

滓 壯仕切
滓 費鳳碑陰

史 爽仕切
史 孔廟置卒史碑
史 孫根碑
史 張納碑陰
史 樊毅脩華嶽碑
史 東海廟碑

史 史晨祠孔廟銘　史 綏民尉熊君碑　史 老子銘　史 王稚子闕碑　史 馮煥神道碑　史 任君殘碑陰

使　使 石經尚書　使 武梁畫像碑　使 馮煥神道碑　使 譙敏碑　使 鄭烈碑

使 劉寬碑

士 鉏里切　士 石經論語　士 華山亭碑　士 楊統碑　士 魯峻碑　士 處士金恭闕碑

士 劉熊碑陰　士 處士嚴發碑

仕

仕 石經論語

仕 魯峻碑

仕 校官碑

仕 靈臺碑

仕 孔宙碑

俟 牀史切

俟 孔廟禮器碑

俟 楊統碑

俟 楊著碑

竢

竢 祝睦後碑

竢 張平子碑

子 祖似切

子 石經魯詩

子 鄭固碑

子 元賓碑

子 殺阬君碑陰

子 王稚子闕碑

子 孔廟置卒史碑

子 老子銘

子 綏民尉熊君碑

子 鄭令景君闕銘

子 周憬功勳銘

子 無極山碑

子 北海相景君碑 子 義井碑陰 子 麃孝禹碑 子 楊著碑 子 景君碑陰 子 孔耽神祠碑

子 唐公房碑 子 唐公房碑陰 子 楊君斜谷碑 子 孔耽碑後字 子 逢盛碑 子 鄭三益碑

梓 梓 周公禮殿記 梓 馬江碑

似 詳里切 佀 劉熊碑陰

巳 巳 張表碑 巳 李君西坂碑 巳 孔廟置卒史碑

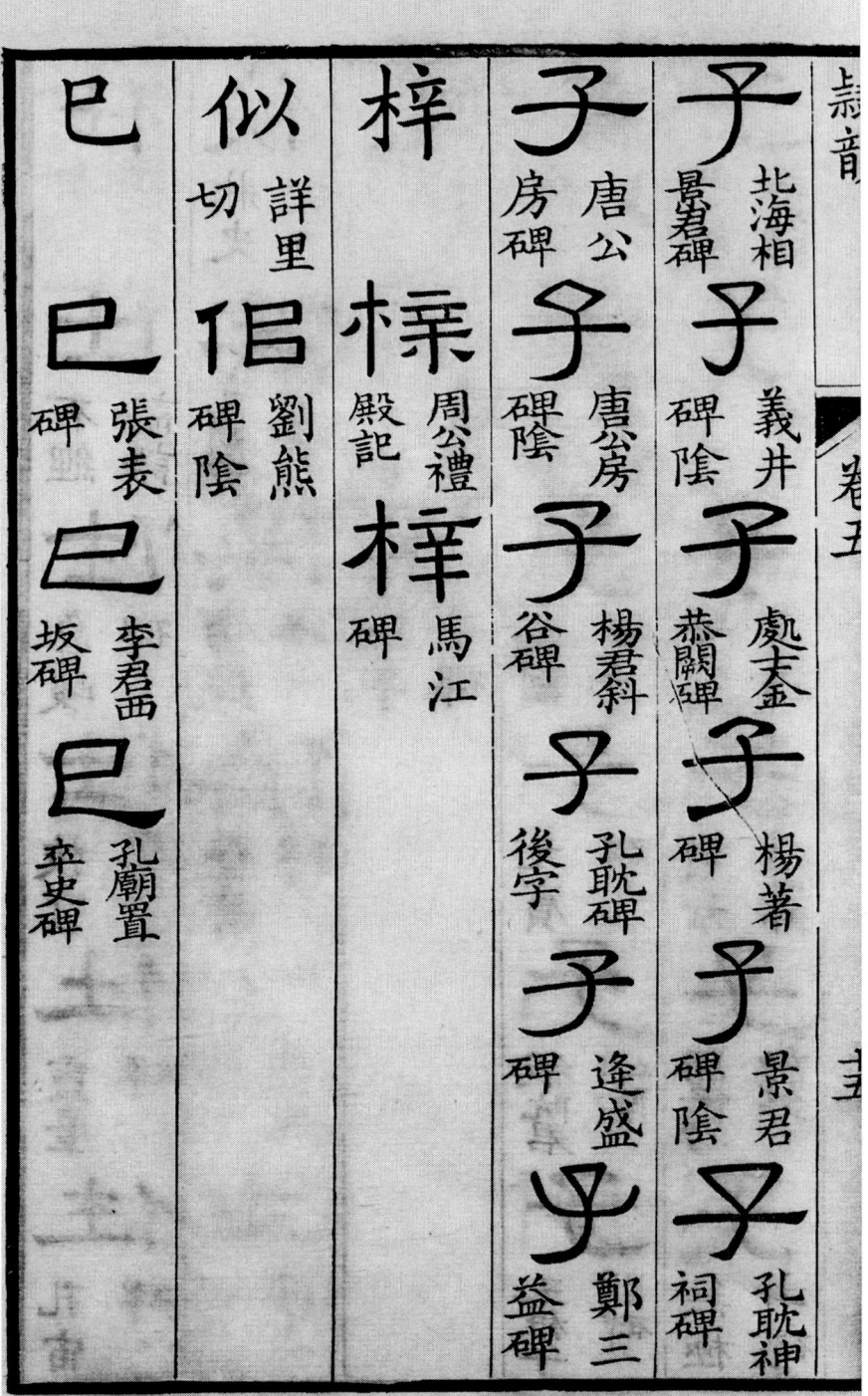

祀 祀 孟郁脩堯廟碑 祀 孔廟置卒史碑

耜 耜 費鳳碑陰

汜 汜 周憬功勳銘 汜 樊毅脩華嶽碑

恥 丑里切 恥 石經論語 恥 費鳳碑 恥 譙敏碑 恥 樊敏碑 恥 王元賓碑

祉 祉 帝堯碑 祉 桐柏廟碑 祉 夏承碑 祉 華山亭碑 祉 北海相景君碑

跱 丈里切
跱 郭究碑

偫
偫 郭仲奇碑
偫 張壽碑

里 良士切
里 樊敏碑
里 中部碑
里 周憬功勳銘
里 樊毅復民租碑
里 夏承碑

理
理 唐扶頌
理 夏承碑
理 五瑞碑
理 周憬功勳銘

裏
裏 吳仲山碑

鯉 鯉 孫根碑 鯉 逢盛碑

俚 俚 劉熊碑陰

李 李 李翊碑 李 李翕坂碑 李 帝堯碑 李 中部碑 李 老子銘

以 養里切 亦作㠯 以 石經尚書 以 夏承碑 以 孔宙碑 以 周憬功勳銘 以 楊著碑

以 陳寔殘碑 以 張納功德敘 以 史晨祠孔廟銘 以 靈臺碑 以 樊毅復民租碑 以 帝堯碑

㠯 唐扶頌 㠯 武梁畫像碑 㠯 劉寬碑 㠯 樊安碑 㠯 北海相景君碑 㠯 譙敏碑

巳 巳 石經論語 巳 馮緄碑

矣 于紀切 矣 石經公羊 矣 張納功德叙 矣 老子銘 矣 夏承碑 矣 唐公房碑

矣 周憬功勳銘 矣 吳仲山碑

喜 許里切 喜 費鳳碑陰 喜 孔宙碑 喜 孫叔敖碑 喜 樊敏碑

憙

憙 劉寬碑陰

憙 堯廟碑陰

起 墟里切

起 費鳳碑陰

起 衡方碑

起 華山廟碑

起 吳仲山碑

起 費汎碑

玘

玘 殽阬君碑陰

芑

芑 衛彈碑

己 居里切

己 夏承碑

紀

紀 楊著碑

紀 綏民尉熊君碑

紀 李翕坂碑

紀 帝堯碑

紀 夏承碑

紀 史晨祠孔廟銘

紀 張納功德敘

紀 魯峻碑

紀 楊君斜谷碑

紀 祝睦碑

擬 魚紀切

擬 帝堯碑

擬 富春丞張君碑

擬 苑鎮碑

儗

儗 郙閣頌

七尾

尾 無匪切
尾 楊君斜谷碑

斐 敷尾切
斐 周憬功勳銘

棐 府尾切
棐 孔彪碑

匪
匪 帝堯碑
匪 張納功德敘
匪 孔彪碑

豈 去幾切
豈 唐公房碑
豈 北海相景君碑
豈 吳仲山碑

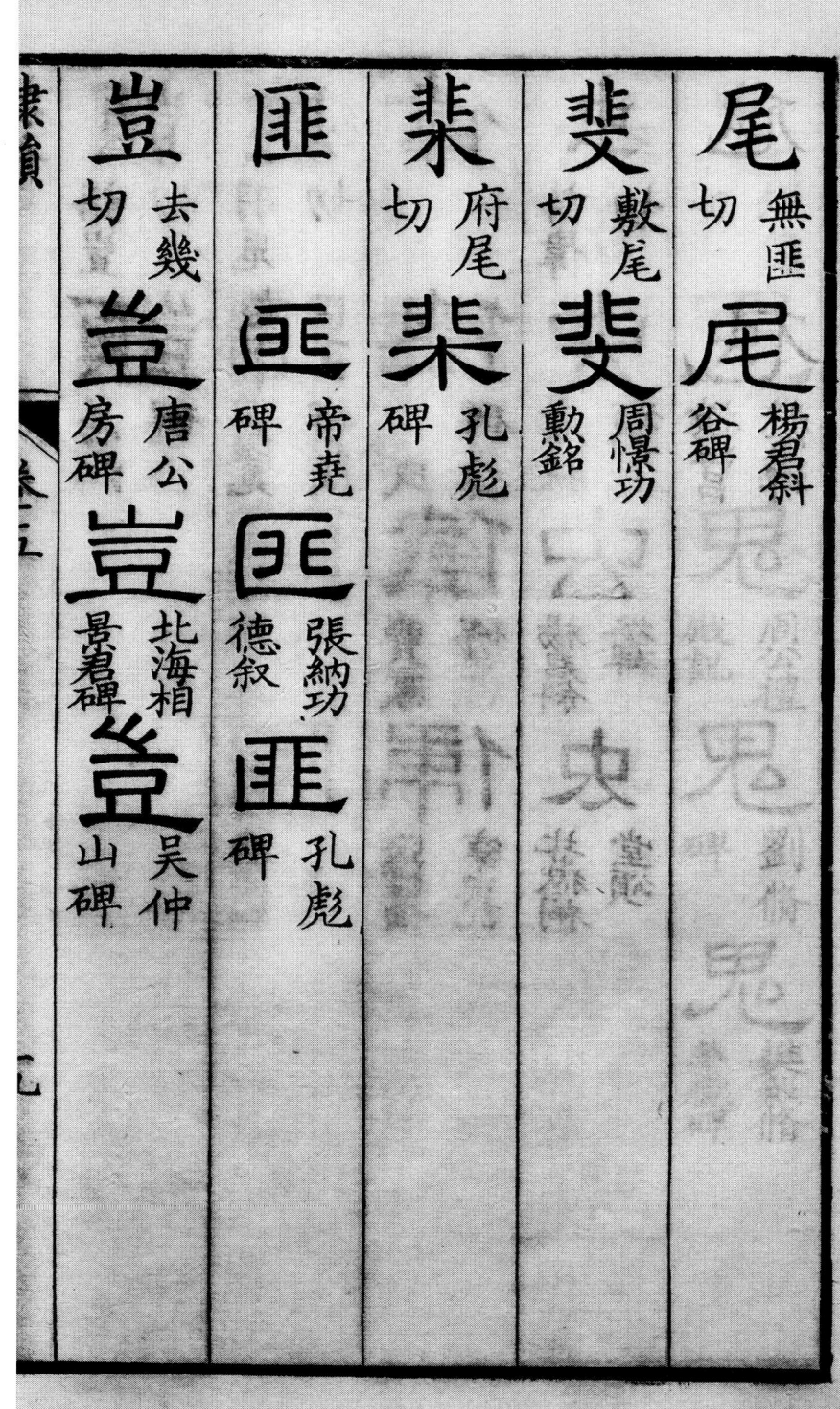

顗 語豈切
𩔣 馬江碑

韙 羽鬼切
韙 劉寬碑陰

偉
偉 侯成碑
偉 費鳳碑
偉 張偉伯穿中記

虫 許偉切
虫 唐扶頌
虫 楊君斜谷碑
虫 北嶽祠堂頌

虺
虺 横海呂將軍碑

鬼 矩偉切

鬼 唐扶頌

鬼 周公禮殿記

鬼 劉脩碑

鬼 樊毅脩華嶽碑

八語

語 偶許切

語 孔廟禮器碑

語 周憬功勳銘

圄

圄 平都侯蔣君碑

圄 魏受禪表

圄 孟郁脩堯廟碑

圉

圉 圉令趙君碑

隸韻 卷五

禦

禦 魏大饗碑

衙

衙 楊君斜谷碑

許 虛呂切

許 華山亭碑

許 劉熊碑陰

許 樊毅脩華嶽碑

許 孔廟置卒史碑

舉 居許切

舉 高頤闕碑

舉 周憬功勳銘

舉 靈臺碑

舉 楊著碑

舉 樊毅脩華嶽碑

莒

莒 費鳳碑陰

管 管 魏石經左傳

柜 柜 靈臺碑

巨 許臼切 巨 羊竇道碑 巨 周憬功勳銘 巨 繁陽楊君碑陰 巨 孔從事碑

距 距 楊君斜谷碑 距 賜馮煥詔

鉅 鉅 靈臺碑陰 鉅 帝堯碑

敘 象呂切
敘 北海相景君碑
敘 孫根碑
敘 帝堯碑
敘 馮煥碑陰
敘 老子銘

序
序 孫叔敖碑陰
序 楊君斜谷碑
序 劉熊碑陰
序 孫叔敖碑
序 孟郁脩堯廟碑

序 華山亭碑
序 綏民尉熊君碑

緒
緒 魯峻碑
緒 華山亭碑
緒 唐扶頌
緒 校官碑
緒 帝堯碑

緒 孟郁脩堯廟碑
緒 郙閣頌
緒 戚伯著碑
緒 劉寬碑陰

沮 在呂切
沮 郙閣頌

咀
咀 唐扶頌

所 疏舉切
所 石經論語
所 靈臺碑
所 高彪碑
所 楊君斜谷碑
所 周憬功勳銘

所 鄭固碑
所 羊竇道碑
所 孔廟置卒史碑
所 綏民尉熊君碑
所 夏承碑
所 老子銘

所 馮緄碑

阻 莊所切　阻 曹騰碑陰　阻 周憬功勳銘　阻 李翕西狹頌　阻 楊信碑

俎　俎 魏脩孔子廟碑

楚 創舉切　楚 費鳳碑陰　楚 孫叔敖碑　楚 孫叔敖碑陰　楚 是邦雄桀碑　楚 老子銘

楚 綏民尉熊君碑　楚 袁良碑　楚 李翊夫人碑　楚 武梁畫像碑　楚 樊敏碑　楚 魏石經左傳

暑 賞呂切　暑 袁良碑　暑 三公山碑

鼠 鼠 唐公房碑

黍 黍 石經魯詩 黍 皀石神君碑 黍 費鳳碑陰 黍 三公山碑 黍 孔宙碑

渚 掌與切 渚 周憬功勳銘

處 敞呂切 處 處士金恭闕碑 處 郙閣頌 處 唐公房碑陰 處 劉熊碑陰 處 繁陽令楊君碑

處 唐扶頌 處 老子銘 處 樊毅脩華嶽碑 處 處士嚴發碑

抒 神與切

抒 孔廟禮器碑

抒 張平子碑

汝 忍與切

汝 魯峻碑

汝 綏民尉熊君碑

汝 汝南令碑

楮 丑呂切

楮 魏尊號奏碑

褚

褚 周憬碑陰

佇 直呂切 亦作竚

佇 孔彪碑

竚 孫根碑

杼 杼楊統碑陰

䘢丁呂切 䘢郙閣頌

呂兩舉切 呂景君碑陰 呂韓勑碑陰 呂魯峻碑 呂靈臺碑陰 呂戚伯著碑

旅 旅郙閣頌 旅馮緄碑 旅孔宙碑

女尼呂切 女馬江碑 女繁陽令楊君碑

與 弋渚切
與 石經公羊
與 北海相景君碑
與 楊君斜谷碑
與 吳仲山碑

九麌

詡 況羽切
詡 魏尊號奏碑

矩 俱雨切 亦作榘
矩 費鳳碑陰
矩 桐栢廟碑
榘 張表碑
矩 楊震碑陰

羽 王矩切
羽 北海相景君碑
羽 義井碑陰
羽 劉寬碑陰

禹
禹 孫叔敖碑
禹 樊毅脩華嶽碑
禹 周憬功勳銘
禹 楊君斜谷碑
禹 孔宙碑

雨
雨 孟郁脩堯廟碑
雨 華山亭碑
雨 孔彪碑
雨 無極山碑
雨 費鳳碑

雨 張納功德敘
雨 李翕西坂碑
雨 白石神君碑

宇
宇 孔廟禮器碑
宇 孔耽神祠碑
宇 桐栢廟碑
宇 綏民尉熊君碑

寓
寓 史晨祠孔廟銘
寓 魏大饗碑

撫 斐父切 𢺿 孔宙碑 撫 周憬功勳銘 𢺿 袁良碑 撫 北海相景君碑 撫 唐扶頌

撫 樊毅脩華嶽碑 撫 朱龜碑

剖 剖 李翕西狹頌

拊 拊 逢盛碑 拊 劉寬碑 拊 魏大饗碑

甫 方矩切 甫 李翊碑 甫 楊著碑 甫 張納功德敘 甫 樊毅脩華嶽碑 甫 綏民尉熊君碑

甫 孫根碑 甫 劉熊碑陰 甫 孔從事碑

郙 郙 郙閣頌

府 府 孫根碑 府 北海相景君碑 府 周憬功勳銘 府 史晨祠孔廟銘 府 夏承碑

府 交阯浣君神道 府 戚伯著碑 府 吳仲山碑 府 武榮碑

俯 俯 鄭固碑 俯 周憬功勳銘 俯 史晨祠孔廟銘 俯 夏承碑

脯

脯 史晨祠孔廟銘

簠

簠 孔宙碑

斧

斧 張納功德敘

莆

莆 周憬功勳銘

黼

黼 石經尚書

輔 扶雨切
輔 孫根碑
輔 楊著碑
輔 北海相景君碑
輔 楊君斜谷碑
輔 袁良碑
輔 綏民校尉熊君碑
輔 繁陽令楊君碑
輔 唐扶頌

父
父 石經論語
父 孔耽碑後學
父 北海相景君碑
父 唐扶頌

武 罔甫切
武 石經尚書
武 華山廟碑
武 楊統碑
武 高頤闕碑
武 馮煥碑陰
武 李翕西狹頌
武 何君閣道碑
武 綏民校尉熊君碑
武 孫根碑
武 北海相景君碑
武 張納功德敘

武　武劉熊碑　武梁休碑　武金恭碑　武劉君閣道題字　武魯峻碑陰　武漢磚銘

舞　舞孟郁脩堯廟碑　舞唐扶頌　舞靈臺碑

儛　儛樊毅脩華嶽碑　儛孫叔敖碑陰

侮　侮石經尚書　侮李翊碑　侮唐扶頌

廡　廡孔耽神祠碑

憮 憮石經論語

取此主切 取石經儀禮 取馮緄碑 取李翊碑 取桐栢廟碑 取武梁畫像碑

主腫庾切 主石經儀禮 主樊毅脩華嶽碑 主孔廟置卒史碑 主何君閣道碑 主綏民尉熊君碑

主夏承碑

豎臣庾切 豎柳敏碑

乳 縈主切　乳 張公神碑

柱 直主切　柱 唐公房碑　柱 郙閣頌　柱 張僓穿中記

蔞 隴主切　蔞 祝睦碑

十姥

溥 滂五切　溥 魏脩孔子廟碑

普 普 帝堯碑 普 費鳳碑 普 繁陽令楊君碑陰

浦 浦 孫叔敖碑

補 博古切 補 樊毅脩華嶽碑 補 斥彰長碑 補 王元賓碑

譜 譜 孫叔敖碑陰

圃 圃 孔宙碑 圃 李翊夫人碑

簿 裴古切 簿 張納碑陰 薄 夏承碑 溥 馬江碑

部 部 樊毅脩華嶽碑 部 北海相景君碑 部 李翕坂碑 部 劉寬碑陰 部 王君石路碑

部 史晨祠孔廟銘 部 費鳳碑陰

祖 揔五切 祖 石經公羊 祖 靈臺碑 祖 夏承碑 祖 華山亭碑 祖 綏民尉熊君碑

祖 孔耽碑後字 祖 孔謙碣 祖 楊君斜谷碑 祖 許戫夫人碑

組 組高頤碑

覩 董五切 覩孫根碑 覩魏受禪表 覩張平子碑

堵 堵衮良碑 堵王元賓碑 堵堵陽長劉君碑

睹 睹樊敏碑 睹魏脩孔子廟碑

土 他魯切 土孟郁脩堯廟碑 土老子銘 土華山亭碑 土唐扶頌 土費鳳碑

土 劉熊碑

吐

吐 張表碑

吐 孔廟禮器碑

吐 郭究碑

杜 徒古切

杜 馮緄碑

杜 孫叔敖碑

杜 繆民尉熊君碑

杜 真道冢碑

魯 郎古切

魯 石經論語

魯 孔廟置卒史碑

魯 袁良碑

魯 唐扶頌

魯 周憬功勳銘

虜

虜 魏大饗碑

鹵 鹵燕然銘

虎火五切 虎張納功德敘 虎北海相景君碑 虎費鳳碑陰 虎孔從事碑

苦孔五切 苦石經尚書 苦劉脩碑 苦楊君斜谷碑 苦郙閣頌 苦老子銘

苦李翕坂碑 苦吳仲山碑

古公土切 古石經尚書 古樊毅脩華嶽碑 古綏民尉熊君碑

詁 詁 張平子碑

鼓 鼓 孫叔敖碑陰 鼓 孔廟禮器碑

瞽 瞽 魏大饗碑

股 股 孟郁脩堯廟碑 股 楊君斜谷碑 股 蔡湛頌 股 樊安碑 股 張納功德叙

賈 賈 孔廟禮器碑

蠱 蠱 唐公房碑

罟 罟 費鳳碑陰

戶 侯古切 戶 孔廟置卒史碑 戶 校官碑 戶 靈臺碑 戶 樊毅脩華嶽碑

怙 怙 鄭固碑 怙 靈臺碑 怙 唐扶頌

岵 岵 石經魯詩

鄔 安古切 鄔 朱龜碑

五 阮古切 五 石經尚書 五 巴官鐵盆銘 五 靈臺碑 五 華山亭碑 五 綏民尉熊君碑

五 陳寔殘碑 五 張納功德叙 五 夏承碑 五 郯令景君闕銘 五 桐栢廟碑

午 午 楊君斜谷碑 午 華山亭碑 午 周公禮殿記 午 侯成碑

十一薺

洗 小禮切 洗 孔廟禮器碑 洗 夏堪碑

濟 子禮切 濟 靈臺碑

米 莫禮切 米 孔廟置卒史碑 米 樊敏碑

陛 部禮切 陛 孟郁脩堯廟碑 陛 魏尊號奏碑

氐 典禮切 氐 益州守城埧碑

底 底衛彈碑 底劉寬碑

詆 詆楊君斜谷碑

體 他禮切 體繁陽令楊君碑 體孟郁脩堯廟碑 體孫叔敖碑 體唐扶頌 體北海相景君碑

軆 周憬功勳銘 軆靈臺碑 體魯峻碑 體老子銘 軆許馘夫人碑

弟 待禮切 弟石經尚書 弟馬江碑

禮 里弟切 亦作礼 禮 石經論語 禮 夏承碑 禮 祝睦碑 禮 孫叔敖碑 禮 史晨祠孔廟銘

禮 樊毅脩華嶽碑 禮 周公禮殿記 禮 孔廟置卒史碑 禮 周憬功勳銘 禮 北海相景君碑 礼 鄭固碑

礼 華山亭碑 禮 許彧夫人碑

醴

醴 魏尊號奏碑

澧

澧 周憬功勳銘

蠡 蠡 靈臺碑

禰 乃禮切 禰 孟郁脩堯廟碑

啓 遣禰切 啓 張納功德叙 啓 華山亭碑 啓 帝堯碑 啓 王純碑

稽 稽 孔廟置卒史碑 稽 史晨祠孔廟銘 稽 孫根碑 稽 許馘夫人碑

十二蟹

解 佳買切

解 帝堯碑

解 孔廟禮器碑

解 劉寬碑陰

買 莫解切

買 史晨饗孔廟碑

買 殽阬君碑陰

十三駭

駭 下楷切

駭 張納功德敍

駭 馮緄碑

楷 口駭切

楷 樊安碑

楷 逢盛碑

十四賄

悔 呼罪切 悔 劉寬碑 悔 張納功德叙

猥 烏賄切 猥 無極山碑

隗 五罪切 隗 馮緄碑 隗 帝堯碑

每 母罪切 每 樊毅復民租碑 每 費鳳碑 每 孔彪碑 每 劉寬碑

皐 祖賄切 亦作罪 罪 石經尚書 皐 孔宙碑 罪 史晨祠孔廟銘 罪 王純碑 罪 孔廟置卒史碑

礧 魯猥切 礧 魯峻碑

磥 磥 朱龜碑

餧 弩罪切 餧 楊君斜谷碑 餧 張納功德敘 餧 王純碑

十五海

海 呼改切
海 石經論語
海 唐公房碑
海 費鳳碑
海 華山亭碑
海 北海相景君碑
海 東海廟碑
海 義井碑陰
海 戚伯著碑

愷 可亥切 亦作凱
凱 衷良碑
凱 樊毅脩華嶽碑
凱 韓勑碑陰
愷 魏受禪表

改 已亥切
改 石經論語
改 夏承碑
改 北海相景君碑
改 費鳳碑陰
改 樊毅脩華嶽碑
改 靈臺碑

亥 胡改切 亥 三公山碑 亥 富春丞張君碑 亥 戚伯著碑

倍 薄亥切 倍 孔廟禮器碑 倍 樊毅復民租碑 倍 譙敏碑

采 此宰切 采 孔宙碑 采 張壽碑 采 郭輔碑 采 曹騰碑陰 采 帝堯碑

采 劉熊碑 采 州輔碑

宰 子亥切 宰 衷良碑 宰 楊統碑 宰 樊安碑

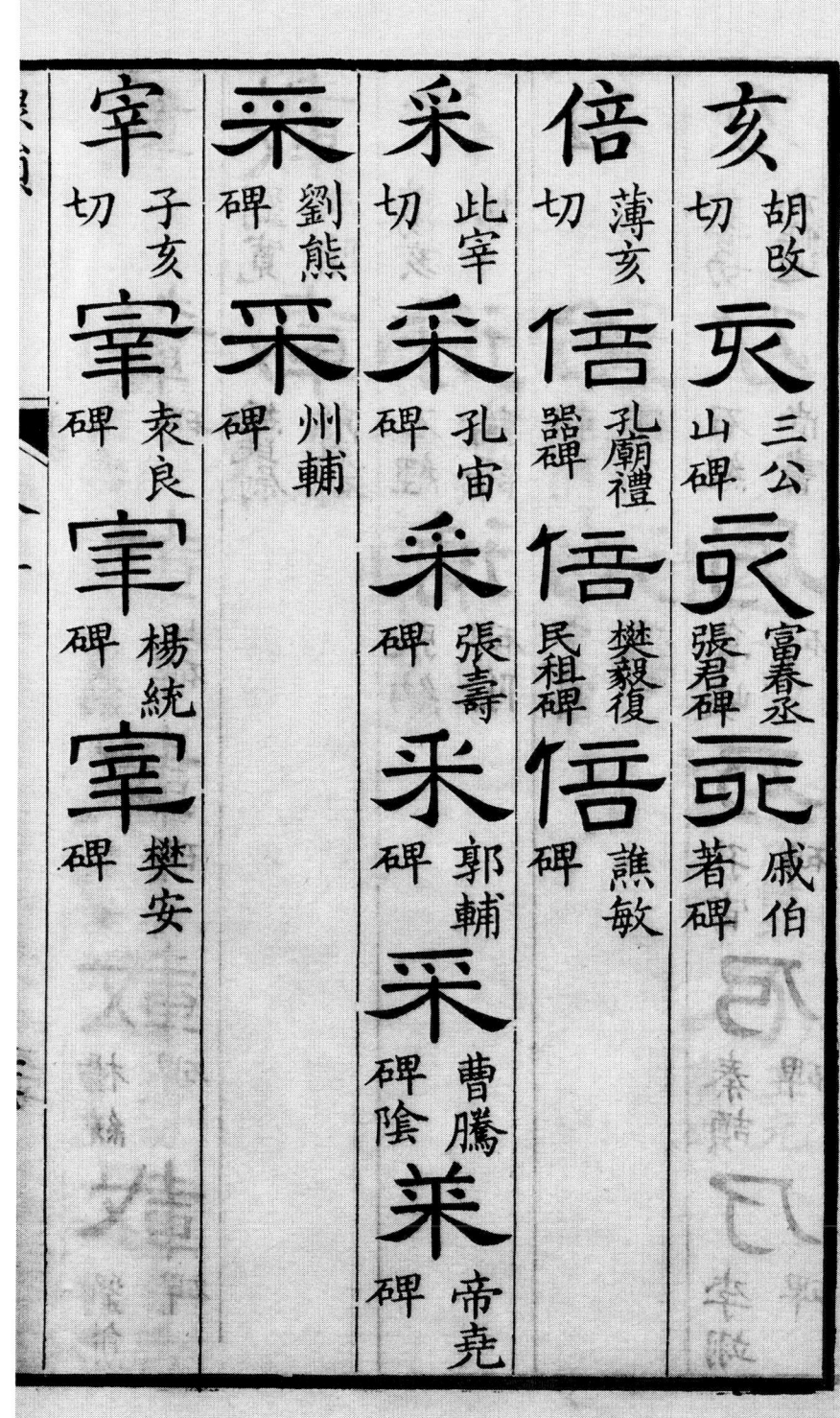

載 載 張壽碑 載 李翕坂碑 載 樊安碑 載 楊統碑 載 劉熊碑

載 劉寬碑陰 載 綏民尉熊君碑

待 蕩亥切 待 石經論語 待 張納碑陰

殆 殆 郙閣頌 殆 李翕狹頌

乃 曩亥切亦作迺 乃 石經尚書 乃 魯峻碑 乃 孔宙碑 乃 秦頡碑 乃 李翊碑

乃 北海相景君碑 迺 祝睦碑 廼 繁陽令楊君碑 迺 周憬功勳銘 乃 王元賓碑

十六軫

軫 止忍切 軫 衛彈碑 軫 平輿令薛君碑

矧 矢忍切 矧 史晨祠孔廟銘

忍 爾軫切 忍 石經公羊 忍 唐公房碑 忍 華山亭碑 忍 張納功德敘 忍 曹騰碑陰

牝 婢忍切 牝 孫叔敖碑 牝 老子銘

盡 在忍切 盡 史晨祠孔廟銘 盡 孫叔敖碑 盡 李翊碑 盡 堯廟碑側

引 以忍切 引 張納功德叙 引 劉脩碑 引 丁魴碑 引 陳球碑

隕 羽敏切 隕 楊統碑 隕 鄭固碑 隕 王純碑 隕 北海相景君碑 隕 楊著碑

磒 磒 孔彪碑

霣 霣樊安碑 霣夏承碑 霣北海相景君碑 霣戚伯著碑

愍 美隕切 愍張納功德叙 愍繁陽令楊君碑

敏 敏石經論語 敏王純碑 敏孫根碑 敏孔宙碑 敏樊毅脩華嶽碑

敏繁陽令楊君碑 敏逢盛碑 敏戚伯著碑

閔 閔李翊碑 閔孫叔敖碑 閔元賓碑

窘 巨隕切

窘 樊毅復民租碑

十七準

准 之尹切

准 祝睦後碑

准 桐栢廟碑

蠢 尺尹切

蠢 張納功德敘

蠢 楊統碑

蠢 孫根碑

蠢 魏石經左傳

蝡 而尹切

蝡 唐扶頌

尹 庚準切 尹 靈臺碑 尹 校官碑 尹 張納碑陰 尹 劉熊碑陰

允 允 石經尚書 允 孟郁脩堯廟碑 允 周憬功勳銘 允 張納功德叙 允 魯峻碑

允 郙閣頌 允 魏受禪表

狁 狁 孫根碑

十八吻

粉 府吻切

粉 金恭碑

憤 房吻切

憤 樊安碑

憤 孔彪碑

忿 撫吻切

忿 張納功德敘

忿 魏尊號奏碑

十九隱

隱 於謹切

隱 石經論語

隱 郙閣頌

隱 唐扶頌

隱 衷良碑

隱 侯成碑

隱 孔耽神祠碑 隱 靈臺碑 隱 老子銘 隱 督郵班碑 隱 吴仲山碑

謹 几隱切 謹 孔廟置卒史碑 謹 靈臺碑 謹 樊毅復民租碑

近 巨謹切 近 羊竇道碑 近 樊毅復民租碑

二十阮

婉 於阮切 婉 郭輔碑

宛

宛 景君碑陰

宛 秦頡碑

宛 桐栢廟碑

琬

琬 秦頡碑

琬 蔡湛頌

苑

苑 苑鎮碑

遠 雲遠切

遠 石經論語

遠 魯峻碑

遠 郯令景君闕銘

遠 羊竇道碑

遠 高彪碑

遠 北海相景君碑

遠 樊毅復民租碑

寋 紀偃切 寋 高頤碑

蹇 蹇 靈臺碑陰

謇 謇 張表碑 謇 鄭固碑 謇 費鳳碑

楗 巨偃切 楗 何君閣道碑 楗 楊統碑 楗 楊君斜谷碑 楗 馮緄碑

匽 於幰切 匽 孟郁脩堯廟碑

隸韻 卷五 四

反 甫遠切
反 孔宙碑
反 史晨祠孔廟銘
反 校官碑

返
返 費鳳碑

坂
坂 李君西坂碑

晚 武遠切
晚 北海相景君碑

挽
挽 謁者景君墓表

二十一混

混 胡本切 亦作渾 混 老子銘 混 周禮殿記

掍 掍 祝睦後碑

梱 苦本切 梱 柳敏碑

衮 古本切 衮 郭仲奇碑 衮 魏受禪表

鯀 鯀 周憬功勳銘

緄 緄 馮緄碑 緄 綏民尉熊君碑

本 布袞切 本 石經論語 本 義井碑陰 夲 吳仲山碑

損 蘇本切 損 石經論語 損 老子銘 損 孫根碑 損 唐公房碑

沌 杜本切 沌 老子銘

二十二很

闕

二十三旱

旱 下罕切 旱 桐栢廟碑

罕 許旱切 罕 孫叔敖碑

侃 空旱切 侃 費鳳碑

衎 衎 孫根碑 衎 唐扶頌 衎 袁良碑

散 蘇旱切 散 郙閣頌 散 華山亭碑 散 周公禮殿記

亶 多旱切 亶 張納碑陰

癉 癉 華山亭碑

但 徒旱切 𠆩 華山廟碑

誕 𧨙 孔彪碑 誕 張表碑 誕 劉熊碑 誕 横海呂將軍碑

二十四緩

款 苦管切 款 魏尊號奏碑

管 古緩切 菅 北海相景君碑 管 觴豆碑陰 菅 真道冢碑

錧 錧 祝睦後碑

館 館 樊毅脩華嶽碑 館 周公禮殿記 館 袁良碑

悺 悺 劉寬碑陰

滿 莫旱切 滿 孟郁脩堯廟碑 滿 鄭固碑 滿 袁良碑 滿 樊敏碑 滿 冀州郭從事碑

纂 作管切 纂 陳球碑 纂 圉令趙君碑

纘 纘樊敏碑 纘華山亭碑 纘帝堯碑 纘楊震碑 纘平都侯蔣君碑

短都管切 短馬江碑 短張表碑 短冀州郭從事碑

夘魯管切 卵郙閣頌

煖乃管切 煖魏尊號奏碑

隸韻卷第五終

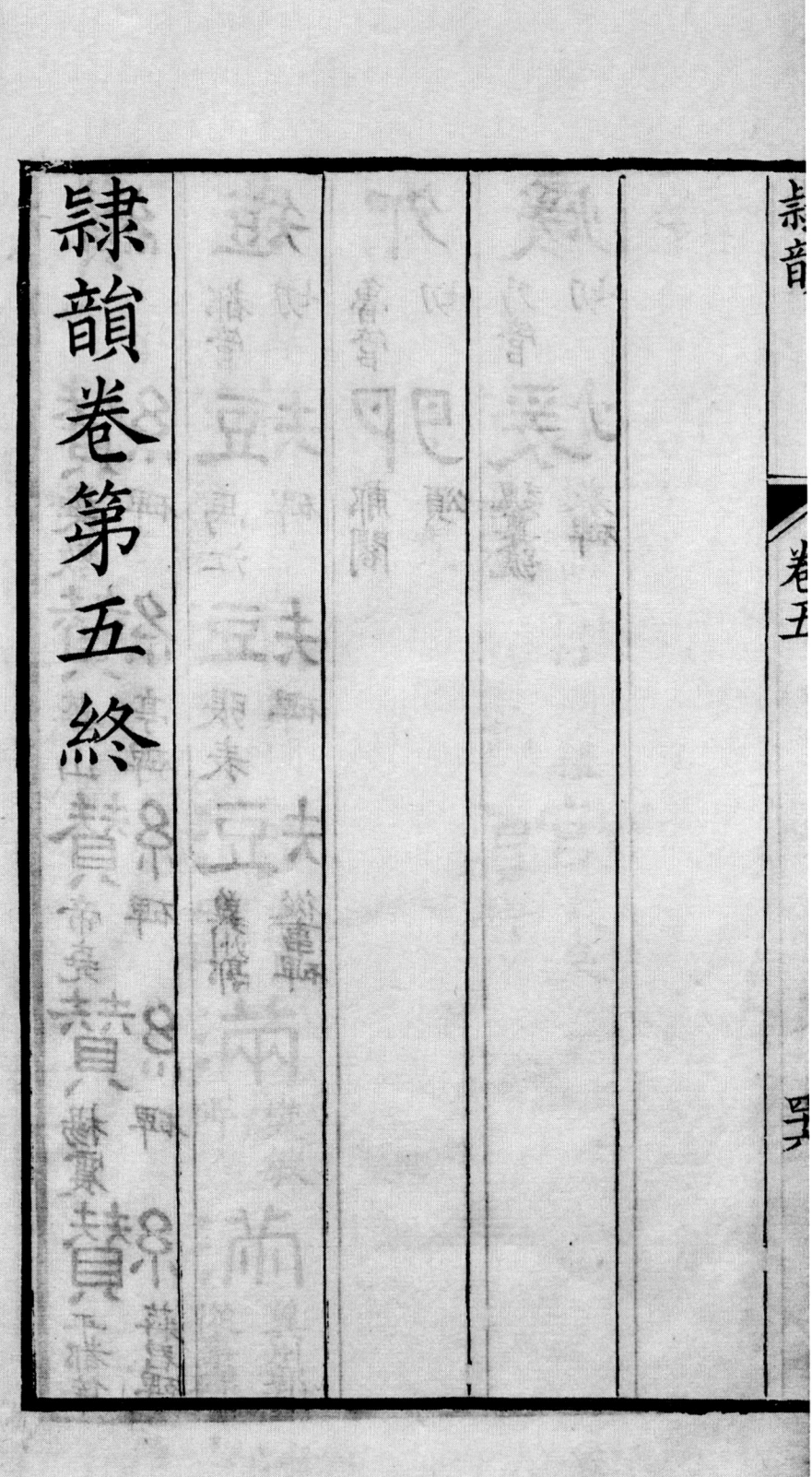

隸韻卷第六

上聲下

三十一巧 三十二皓

三十三哿 三十四果

三十五馬 三十六養

三十七蕩 三十八梗

三十九耿 四十靜

四十一迴　四十二拯

四十三等　四十四有

四十五厚　四十六黝

四十七寢　四十八敢

四十九感　五十敬謹避寫

五十一忝　五十二广

五十三豏　五十四檻

五十五范

二十五潸

撰雛睆切　撰郭究碑　撰史晨祠孔廟銘

饌 饌 孟郁修堯廟碑

板 補綰切 板 華山亭碑 板 甄启識坐楹函 板 張平子碑

二十六產

產 所簡切 產 樊安碑 產 孫叔敖碑陰 產 劉熊碑 產 馮緄碑 產 魯峻碑

產 綏民尉熊君碑

羼 楚限切　羼 譙敏碑

限 下簡切　限 鄭固碑　限 張平子碑

簡 古限切　簡 石經尚書　簡 孫根碑　簡 鄭固碑　簡 桐栢廟碑　簡 孔宙碑

柬 亦作揀　柬 魏石經左傳　揀 平輿令薛君碑

二十七銑

典 多殄切 典 石經公羊 典 孔廟置卒史碑 典 孫叔敖碑 典 華山亭碑 典 綏民尉熊君碑

典 帝堯碑 典 羊竇道碑 典 祝睦碑 典 劉寬碑 典 夏承碑 典 孔宙碑

典 劉寬碑陰

典

典 祝睦碑 典 費鳳碑陰 典 楊統碑 典 孔彪碑

殄 徒典切 殄 帝堯碑 殄 周憬功勳銘 殄 孔彪碑

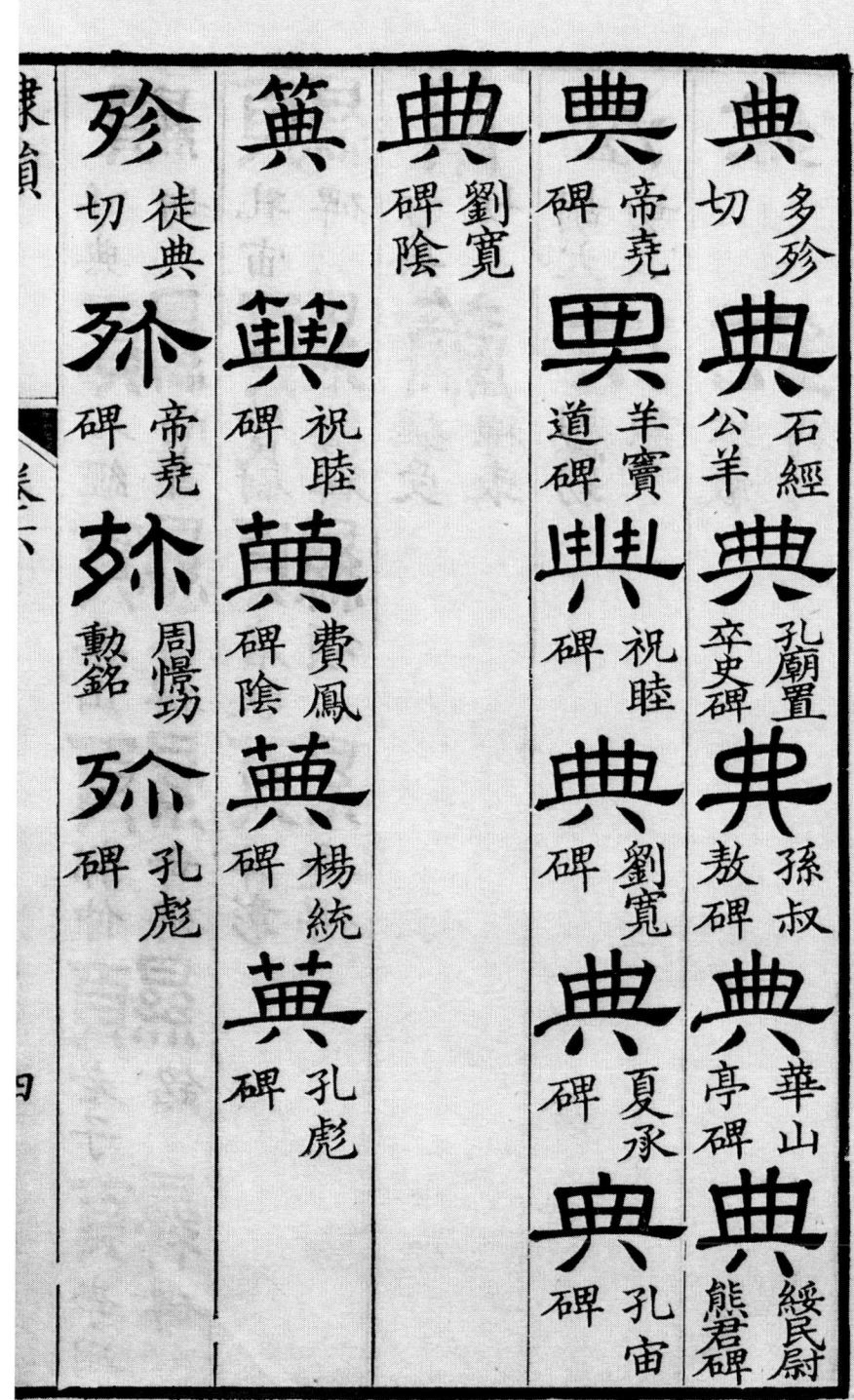

顯 呼典切 顯 石經尚書 顯 華山亭碑 顯 郭仲奇碑 顯 老子銘 顯 李翊碑

顯 孔宙碑 顯 綏民尉熊君碑 顯 唐扶頌 顯 斥彰長碑

繭 吉典切 繭 魏受禪表

泫 胡犬切 泫 周憬功勳銘

鉉 鉉 樊敏碑

二十八獮

鮮 息淺切 **鮮** 石經尚書

淺 七演切 **淺** 老子銘

翦 子踐切 **翦** 張平子碑

踐 慈演切 **踐** 費鳳碑陰 **踐** 靈臺碑 **踐** 曹騰碑陰 **踐** 蔡湛頌 **踐** 孔彪碑

選 須兗切
選 帝堯碑
選 楊統碑
選 袁良碑
選 孔廟置卒史碑
選 王純碑

選 李翊碑
選 戚伯著碑
選 夏堪碑

闡 齒善切
闡 史晨祠孔廟銘
闡 張表碑
闡 費鳳碑陰

善 上演切
善 石經論語
善 夏承碑
善 元賓碑
善 婁壽碑
善 楊著碑

善 鄭固碑

舛 尺兗切 舛 孔耽神祠碑

譔 鶵免切 譔 苑鎮碑

黽 彌兗切 黽 五瑞碑

辨 平免切 辨 郙閣頌 辨 樊毅脩華嶽碑 辨 北海相景君碑

辯 辯 孔彪碑 辯 老子銘

免 美辨切
免 石經論語

勉
勉 袁良碑
勉 馮緄碑

冕
冕 婁壽碑

展 知輦切
展 韓勑碑陰

輦 力展切
輦 魯峻碑
輦 孔廟禮器碑
輦 張平子碑

轉 陟兗切

轉 唐公房碑

遣 去演切

遣 曹騰碑陰

遣 何君閣道碑

遣 樊毅復民租碑

遣 王純碑

遣 孟郁脩堯廟碑

遣 楊君斜谷碑

演 以淺切

演 史晨祠孔廟銘

演 張表碑

演 仲定碑

衍

衍 孟郁脩堯廟碑

衍 北海相景君碑

兖 以轉切
兖 王稚子闕碑
兖 王純碑
兖 韓勑碑陰
兖 鄭烈碑
兖 夏承碑

兖 劉熊碑陰

圈 巨卷切
圈 四老神祚机碑

卷 右轉切
卷 劉寬碑陰

蜎 狂兖切
蜎 唐扶頌

二十九篠

鳥 丁了切 𩾏 石經論語 𩾏 孔耽神祠碑 𩾏 樊毅脩華嶽碑

樢 樢 費鳳碑陰

窕 徒了切 窕 三公山碑

燎 盧皎切 燎 華山廟碑 燎 樊毅脩華嶽碑

杳 伊鳥切

杳 婁壽碑

窈

窔 三公山碑

曉 馨杳切

晓 楊君斜谷碑

暁 州輔碑

皦 吉了切

皦 劉脩碑

皦 繁陽令楊君碑

皦 費鳳碑陰

三十小

小 私兆切 小 石經公羊碑 小 楊著碑 小 魯峻碑 小 曹騰碑 小 羊竇道碑

小 周憬功勳銘 小 史晨祠孔廟銘

剿 子小切 剿 衡方碑

勦 勦 張公神碑

少 始紹切 少 靈臺碑 少 孔廟置卒史碑 少 吳仲山碑

沼 止少切
沼 孫叔敖碑

紹 市沼切
紹 孔宙碑
紹 夏承碑

擾 爾紹切
擾 石經論語
擾 蔡湛頌
擾 李翊碑
擾 劉脩碑
擾 周公禮殿記
擾 靈臺碑
擾 費鳳碑陰

趙 直紹切
趙 石經公羊
趙 楊君斜谷碑
趙 馮緄碑
趙 羊竇道碑
趙 唐公房碑陰

趙 劉熊碑陰 趙 孔廟置卒史碑 趙 殽阬君碑陰

肇 肇 周憬功勳銘 肇 衡方碑 肇 平輿令薛君碑

兆 兆 帝堯碑 兆 韓勑碑陰 兆 靈臺碑 兆 楊震碑陰

夭 於兆切 夭 楊君斜谷碑 夭 夏承碑 夭 李翊夫人碑

矯 舉夭切 矯 張納功德敘

眇 弭沼切　眇 鄭固碑　眇 王純碑陰

表 彼小切　表 石經論語　表 樊毅復民租碑　表 張表碑　表 孔廟禮器碑　表 唐扶頌

表 綏民尉熊君碑　表 靈臺碑　表 馮緄碑　表 老子銘　表 高彪碑

殍 被表切　殍 益州守城埧碑

麃 滂表切　麃 孔廟禮器碑

三十一巧

巧 苦絞切

巧 孟郁脩堯廟碑

巧 郙閣頌

狡 古巧切

狡 樊敏碑

飽 博巧切

飽 魏大饗碑

鮑 部巧切

鮑 孔廟置卒史碑

鮑 范式碑

卯 莫飽切　卯 魯峻碑　卯 帝堯碑　卯 史晨祠孔廟銘　卯 華山亭碑　卯 魏石經左傳

稍 山巧切　稍 陳球後碑　稍 殽阬君碑

爪 側絞切　爪 鄭固碑　爪 斥彰長碑

橈 女巧切　橈 孫根碑

撓　撓 陳球碑　撓 樊敏碑

三十二皓

皓 下老切

皓 郙閣頌

皓 老子銘

皓 夏承碑

皓 綏民尉熊君碑

昊

昊 馬江碑

昊 魯峻碑

昊 綏民尉熊君碑

顥

顥 繁陽楊君碑陰

鎬

鎬 仲秋下旬碑

浩 浩 孟郁脩堯廟碑

鄗 鄗 樊毅脩華嶽碑 鄗 鄭烈碑

好 許皓切 好 李翕西狹頌

考 苦浩切 考 孔宙碑 考 李翊碑 考 樊毅脩華嶽碑 考 史晨祠孔廟銘 考 費鳳碑陰

考 夏承碑 考 鄭固碑 考 孫根碑 考 北海相景君碑

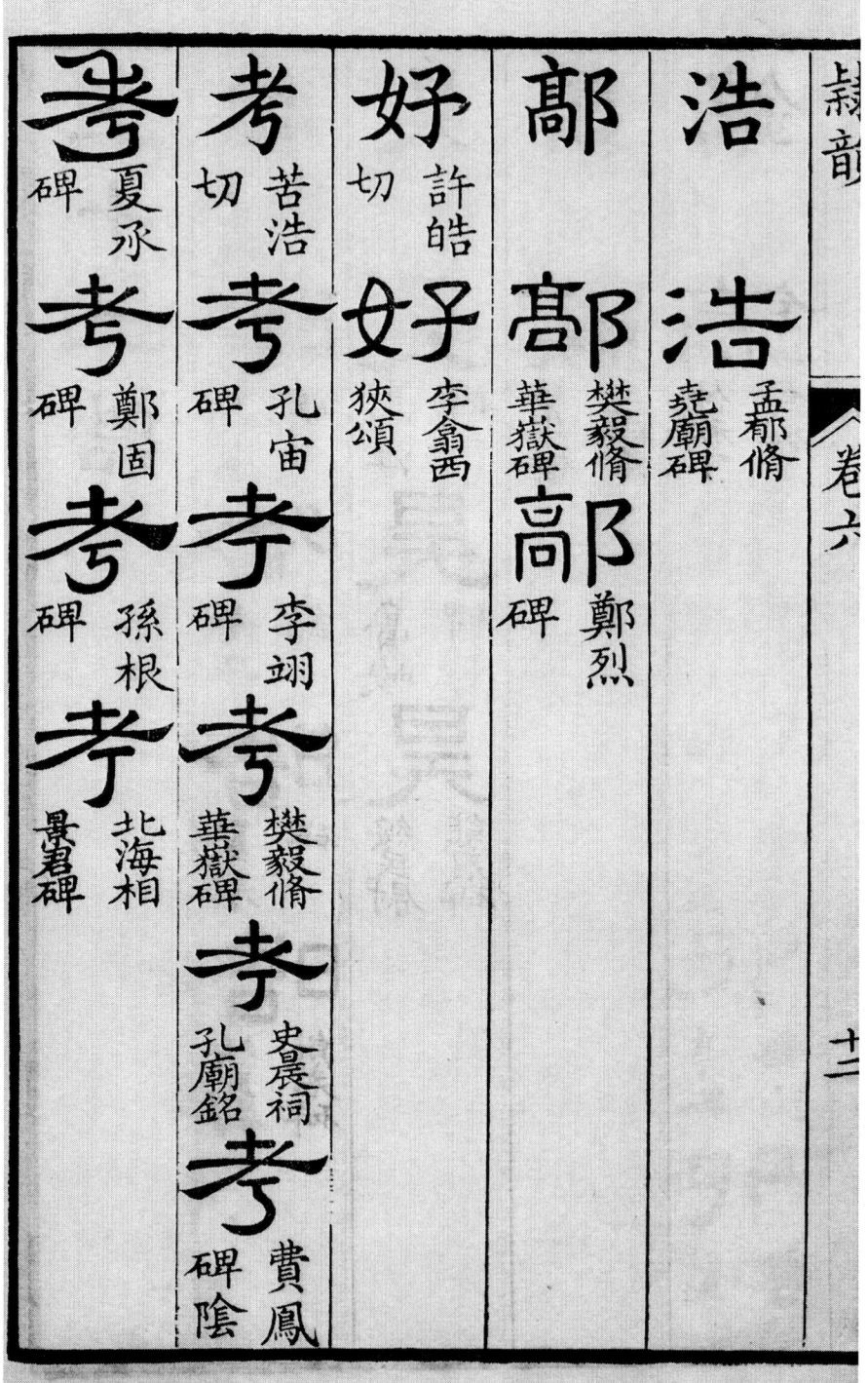

杲 古老切
杲 州輔碑陰

暠
暠 中部碑

縞
縞 馬江碑
縞 侯成碑

豪
豪 樊毅復民租碑
豪 蔡湛頌

寶 博抱切
寶 王君石路碑
寶 北海相景君碑
寶 周憬功勲銘
寶 夏承碑

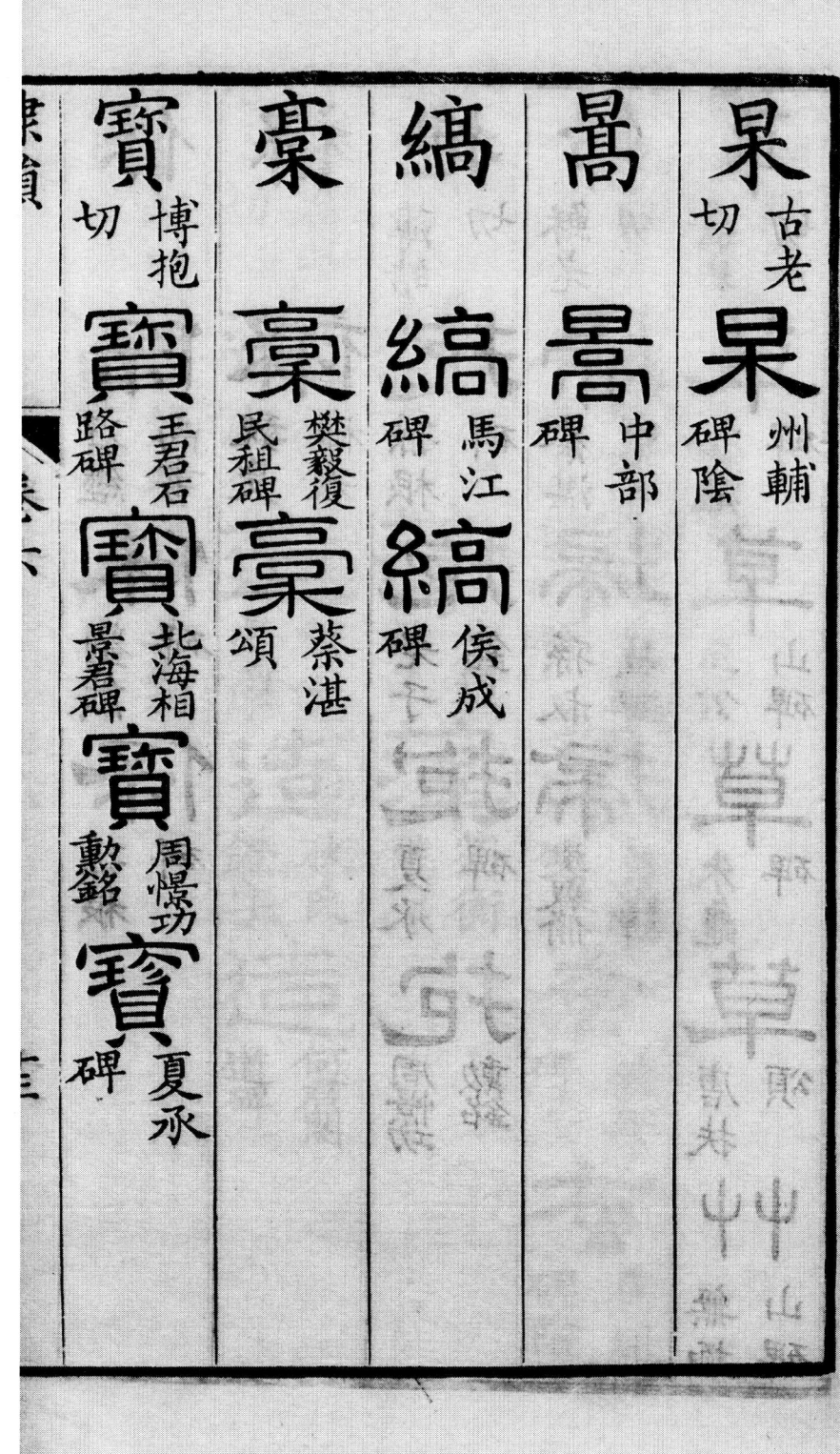

保 保石經尚書 保劉熊碑 保孫根碑

褓 褓魏受禪表

抱 薄皓切 抱孫根碑 抱老子銘 抱夏承碑 抱周憬功勳銘

掃 穌老切 掃蔡湛頌 掃孫叔敖碑 掃樊毅脩華嶽碑

草 采早切 草孔彪碑 草三公山碑 草朱龜碑 草唐扶頌 屮屮無極山碑

草 劉熊碑

早 子浩切 通作蚤

早 繁陽令楊君碑

早 費鳳碑

早 夏承碑

蚤 樊安碑

蚤 堯廟碑陰

藻

藻 度尚碑

藻 苑鎮碑

藻 劉衡碑

造 在早切

造 桐柏廟碑

造 种君石虎刻字

造 耿氏鐙字

造 何君閣道碑

倒 都皓切

倒 魏大饗碑

倒 北海相景君碑

禱 禱樊毅復民租碑 禱楊著碑 禱蔡湛頌 禱戚伯著碑

討土皓切 討樊安碑 討衷良碑 討馮緄碑

道杜皓切 道石經尚書 道交阯沇君神道 道緜竹君神道 道帝堯碑 道何君閣道碑

道夏承碑 道李翕坂碑 道唐扶頌 道龐公神道 道羊竇道碑 道孔宙碑

稻 稻白石神君碑

老 魯皓切
老 衣良碑
老 費鳳碑
老 桐柏廟碑
老 老子銘
老 祝睦碑
老 唐公房碑
老 羊竇道碑
老 孔宙碑
老 魏脩老子廟詔

三十三哿

可 口我切
可 石經論語
可 唐公房碑
可 馮緄碑
可 孔廟置卒史碑

軻
軻 孔耽神祠碑

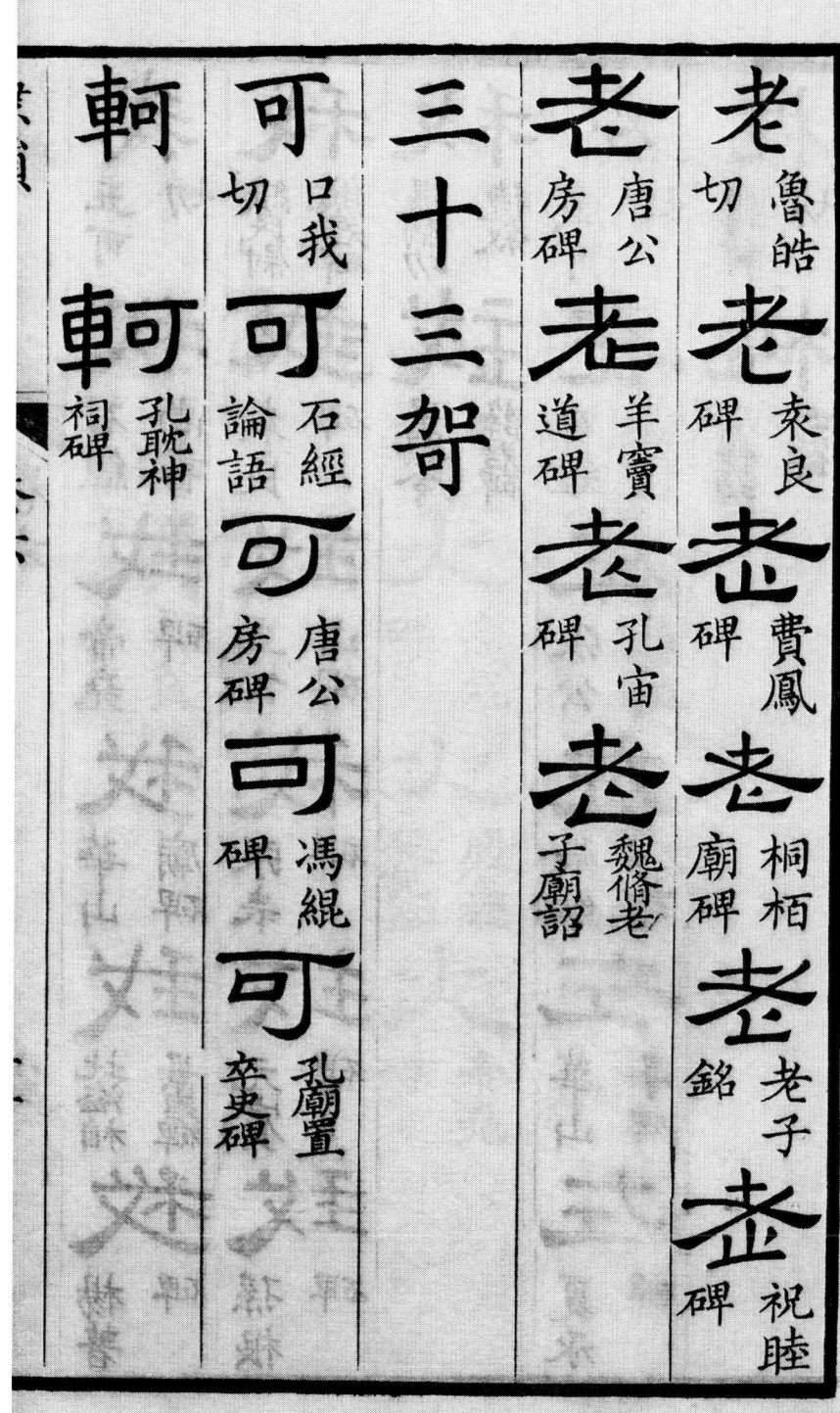

我 五可切　我 石經尚書　我 帝堯碑　我 華山廟碑　我 北海相景君碑　我 楊著碑

我 綏民尉熊君碑　我 袁良碑　我 三公山碑　我 張表碑　我 元賓碑　我 孫根碑

我 張納功德敘　我 平輿令薛君碑

左 臧可切　左 石經論語　左 張公神碑　左 張納碑陰　左 華山亭碑　左 夏承碑

柁 待可切　柁 周憬功勳銘

三十四果

果 古火切　果 唐公房碑　果 横海呂將軍碑

火 虎果切　火 靈臺碑　火 高彪碑　火 周公禮殿記　火 帝堯碑

禍 胡果切　禍 郙閣頌　禍 老子銘

頗 普火切　頗 老子銘　頗 袁良碑

隨 徒果切 墮 陳球後碑 隋 魏脩孔子廟碑

三十五馬

馬 莫下切 馬 石經公羊 馬 交阯沈君神道 馬 馮煥碑陰 馬 靈臺碑 馬 馮緄碑

馬 孔彪碑陰 馬 魯峻碑 馬 唐公房碑

寫 先野切 寫 殽阬君碑 寫 譙敏碑

且 七野切

且 張納功德敘

且 脩孔廟後碑

且 老子銘

且 費鳳碑

且 楊統碑

舍 始野切

舍 孟郁脩堯廟碑

舍 孫根碑

舍 周公禮殿記

舍 孔廟置卒史碑

者 止野切

者 石經儀禮

者 華山亭碑

者 高彪碑

者 交阯沇君神道

者 張公神碑

赭

赭 孟郁脩堯廟碑

社 常者切

社 衆良碑

社 史晨祠孔廟銘

社 吴仲山碑

野 以者切 亦作壄　野 周憬功勳銘　野 校官碑　野 衛彈碑　野 劉寬碑陰

也　也 石經公羊　也 周憬功勳銘　也 史晨祠孔廟銘　也 樊毅脩華嶽碑　也 元賓碑

也 帝堯碑　也 楊著碑　也 孫根碑　也 陳球後碑　也 綏民尉熊君碑　也 李君畾坂碑

也 夏承碑

下 亥雅切　下 石經論語　下 綏民尉熊君碑　下 老子銘　下 周憬功勳銘　下 靈臺碑

賈 舉下切 賈 中部碑 賈 建平郫縣碑 賈 宗季方題名碑

假 假 楊統碑 假 繁陽令楊君碑 假 吳仲山碑 假 北海相景君碑

嘏 嘏 孔宙碑 嘏 太僕荀君碑

雅 語下切 雅 楊君斜谷碑 雅 校官碑 雅 張表碑 雅 劉熊碑陰 雅 張平子碑

寡 古瓦切 寡 樊安碑 寡 北海相景君碑 寡 孫叔敖碑

三十六養

養 以兩切 養 侯成碑 養 孫叔敖碑 養 孔宙碑 養 李翊碑 養 史晨祠孔廟銘

養 老子銘 養 孫根碑

象 似兩切 象 周憬功勳銘 象 郙閣頌 象 孔耽神祠碑 象 孫叔敖碑 象 靈臺碑

象 孔廟置卒史碑

像

像 北海相景君碑

像 周憬功勳銘

像 柳敏碑

像 唐扶頌

像 劉寬碑

蔣 子兩切

蔣 平都侯蔣君碑

兩 良蔣切

兩 李翕西狹頌

兩 劉熊碑

兩 周公禮殿記

兩 周憬功勳銘

仰 魚兩切

仰 繁陽令楊君碑

仰 周憬功勳銘

仰 費鳳碑陰

仰 孟郁脩堯廟碑

想 息兩切

想 老子銘

想 孔彪碑

掌 止兩切
掌 衷良碑
掌 孔廟置卒史碑
掌 王純碑
掌 唐扶頌
掌 侯鉦銘字

爽 所兩切
爽 孔彪碑

敞 齒兩切
敞 馬江碑
敞 桐栢廟碑
敞 楊君斜谷碑
敞 老子銘

響 許兩切
響 劉寬碑陰
響 史晨祠孔廟銘

嚮
嚮 靈臺碑
嚮 劉熊碑
嚮 鄭烈碑
嚮 大嚮記殘碑

享

享 靈臺碑

亨 孟郁脩堯廟碑

享 史晨祠孔廟銘

享 樊毅脩華嶽碑

饗

饗 石經尚書

饗 孔廟置卒史碑

饗 衷良碑

繈 擧兩切

繦 平都侯蔣君碑

襁

襁 魏受禪表

丈 除兩切

丈 李翕坂碑

丈 建平郫縣碑

丈 何君閣道碑

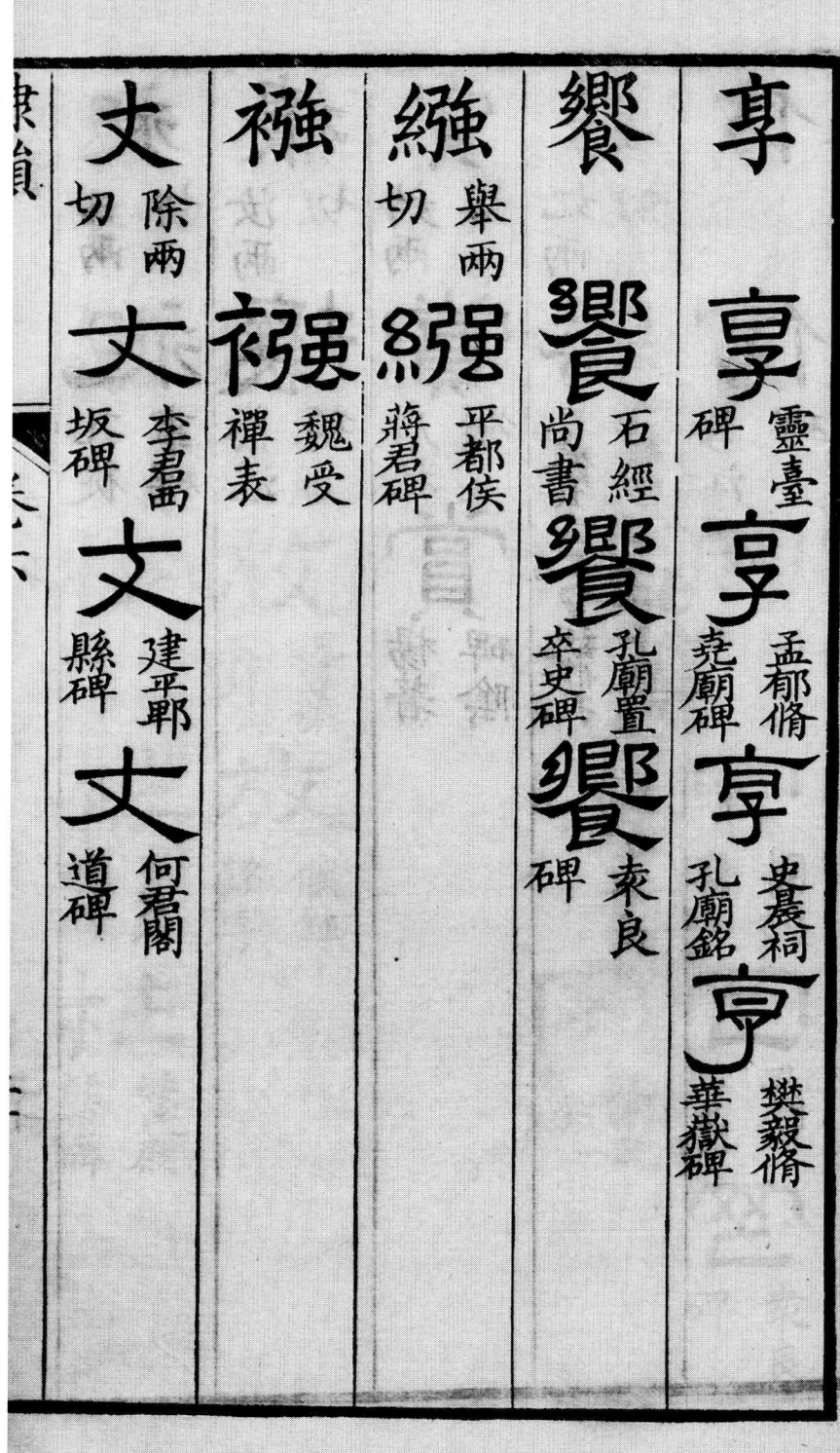

昶 日兩切 昶 孔從事碑

攘 汝兩切 攘 蔡湛頌

賞 始兩切 賞 唐扶頌 賞 楊著碑陰

髣 妃兩切 髣 史晨饗孔廟碑 髣 魏脩孔子廟碑

仿 仿 馬江碑

罔 文紡切　罔 石經尚書　罔 周憬功勳銘　罔 桐柏廟碑　罔 孔廟置卒史碑　罔 袁良碑

罔 蔡湛頌　罔 孔彪碑　网 靈臺碑　罔 逢盛碑　网 魏尊號奏碑

昉 甫兩切　昉 華山廟碑

放　放 石經論語　放 魏尊號奏碑　放 侯鉦銘字

枉 嫗往切　枉 費鳳碑　枉 元賓碑　枉 夏承碑　枉 綏民尉熊君碑

往羽兩切　往周憬功勳銘　往羊竇道碑　往華山亭碑　往唐公房碑　往郙閣頌

長展兩切　長司馬孟臺神道　長公乘伯喬題名　長江原長進德碣

三十七蕩

蕩徒沆切　蕩石經尚書　蕩周憬功勳銘　蕩魯相謁孔廟碑　蕩唐扶頌　蕩郙閣頌

盪　盪蔡湛頌

碭 碭楊君斜谷碑

黨多曩切 黨石經尚書 黨孔廟置卒史碑 黨北海相景君碑 黨平都侯蔣君碑 黨張平子碑

黨夏承碑 黨孔彪碑

讜 讜北海相景君碑 讜孫根碑 讜華山亭碑 讜楊君斜谷碑

帑他曩切 帑張納功德敘

曩 乃黨切
曩 張平子碑
曩 張納功德叙

莽 母黨切
莽 靈臺碑陰
莽 唐公房碑
莽 衷良碑

顙 寫曩切
顙 丁魴碑
顙 唐扶頌
顙 張表碑
顙 孫根碑

忼 口黨切亦作慷
忼 費鳳碑陰
忼 度尚碑
忼 孫叔敖碑
忼 孫根碑
慷 樊安碑

慷 周憬功勳銘

晃 戶廣切 晃 靈臺碑 晃 魏尊號奏碑 晃 逢盛碑 晄 北海景君碑陰

廣 台晃切 廣 魯峻碑 廣 劉熊碑 廣 唐公房碑 廣 王君石路碑 廣 靈臺碑

廣 公乘伯喬題名 廣 繆民尉能君碑 廣 緜竹王君神道 廣 堯廟碑陰 廣 斥彰長碑

三十八梗

鯁 古杏切 鯁 柳敏碑

骾 骾 校官碑

猛 母梗切 猛 石經論語 猛 孫根碑 猛 楊統碑

丙 補永切 丙 華山亭碑 丙 綏民尉熊君碑 丙 唐扶頌 丙 孔彪碑

昺 昺 魏尊號奏碑

炳 炳 孟郁脩堯廟碑 炳 史晨祠孔廟銘 炳 唐扶頌

邴

邴 樊毅脩華嶽碑

邴 劉熊碑陰

邴 北海景君碑陰

秉

秉 帝堯碑

秉 鄭烈碑

秉 橫海呂將軍碑

皿 眉永切

皿 史晨祠孔廟銘

省 所景切

省 靈臺碑

省 校官碑

省 劉熊碑

省 繁陽令楊君碑

省 華山亭碑

省 樊毅脩華嶽碑

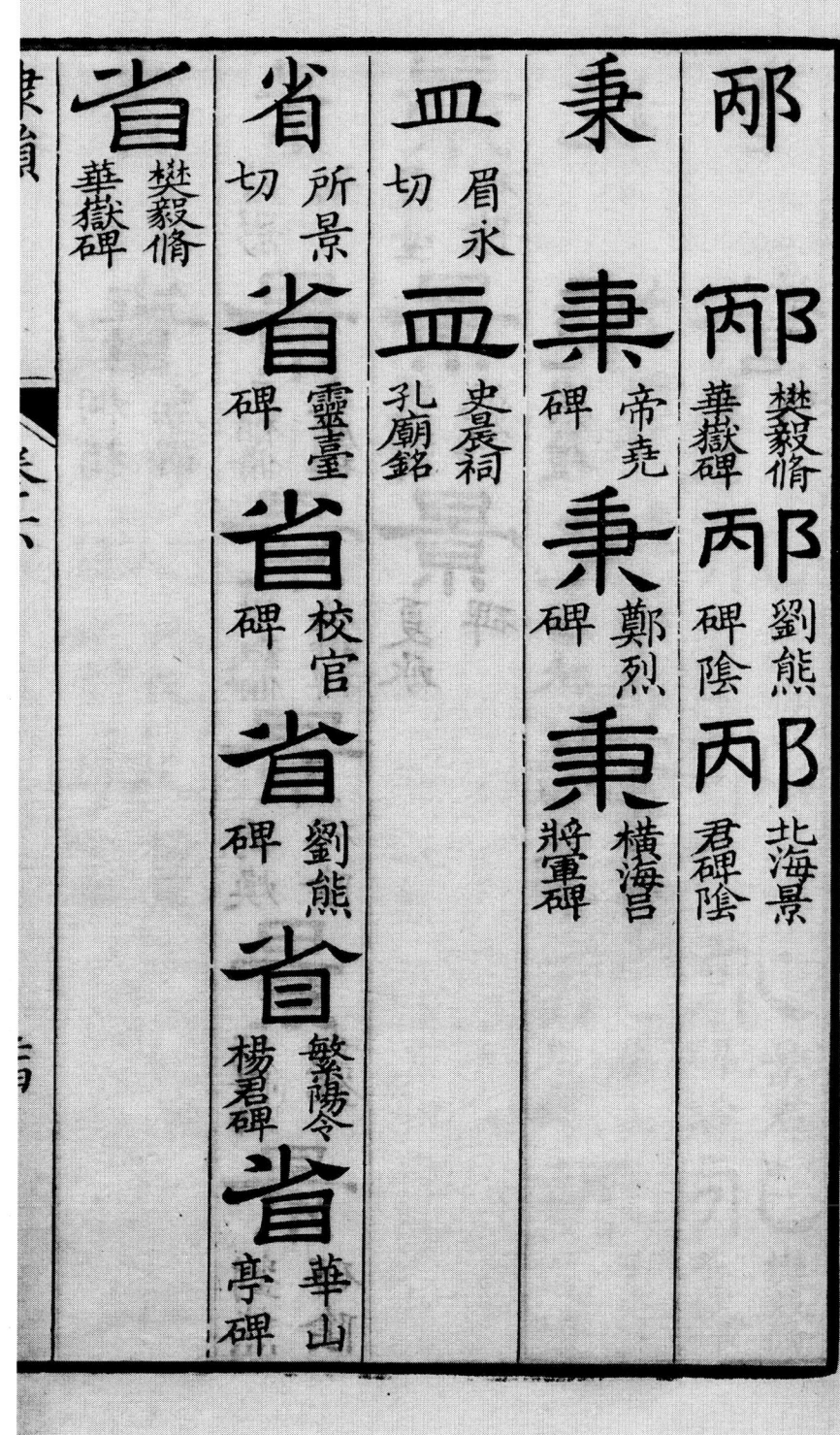

眚 眚桐栢廟碑

景居影切 景孟郁脩堯廟碑 景樊毅脩華嶽碑 景馮煥碑陰 景周憬功勳銘 景劉熊碑陰

景靈臺碑陰 景張納功德敘 景夏承碑

境 境周公禮殿記 境唐扶頌 境張平子碑

警 警鄭烈碑

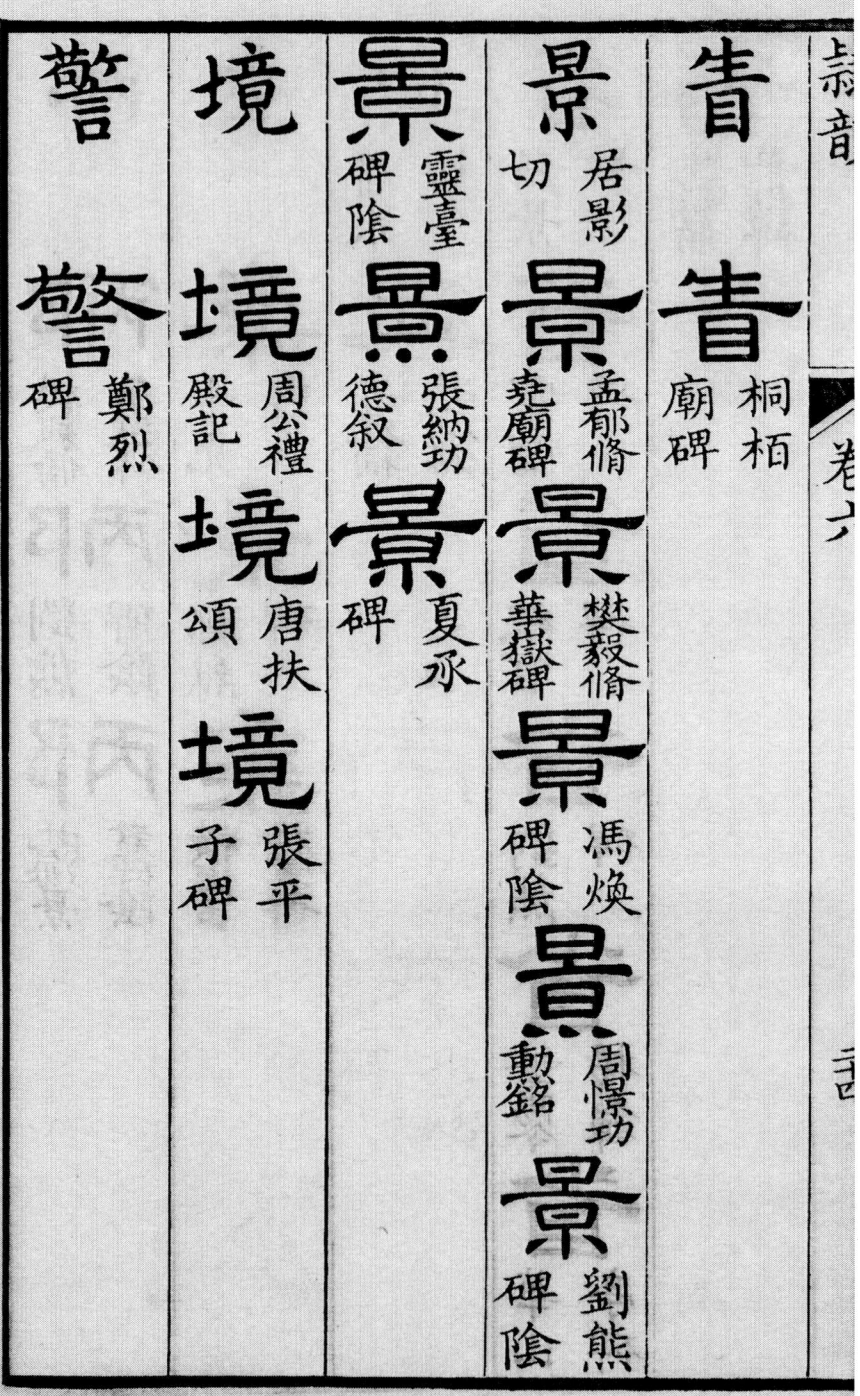

永 于憬切
永 石經尚書
永 孟郁脩堯廟碑
永 夏承碑
永 景君碑陰
永 樊毅脩華嶽碑
永 周憬功勳銘
永 繁陽令楊君碑
永 逢盛碑
永 巴官鐵盆銘
永 華山亭碑
永 羊竇道碑

憬 居永切
憬 周憬功勳銘

三十九耿

耿 古幸切
耿 史晨祠孔廟銘
耿 耿氏鐙字
耿 楊震碑陰

幸 下耿切
幸 周公禮殿記
幸 樊毅復民租碑
幸 樊安碑
幸 吳仲山碑

四十靜

靜 疾郢切
靜 華山亭碑
靜 韓勑碑陰
靜 楊君斜谷碑
靜 魯峻碑
靜 李翕西狹頌
靜 譙敏碑
靜 老子銘
靜 李翊夫人碑
靜 鄭令景君闕銘

靖
靖 郙閣頌
靖 繁陽令楊君碑
靖 帝堯碑
靖 綏民尉熊君碑

請 此靜切 請 孔廟置卒史碑 請 夏承碑 請 郯令景君闕銘

井 子郢切 井 王君石路碑 井 楊震碑陰

整 之郢切 整 華山亭碑 整 張納功德叙 整 繁陽令楊君碑 整 楊君斜谷碑 整 逢盛碑

逞 丑郢切 逞 孔彪碑 逞 老子銘

騁 騁 周憬功勳銘 騁 魏大饗碑

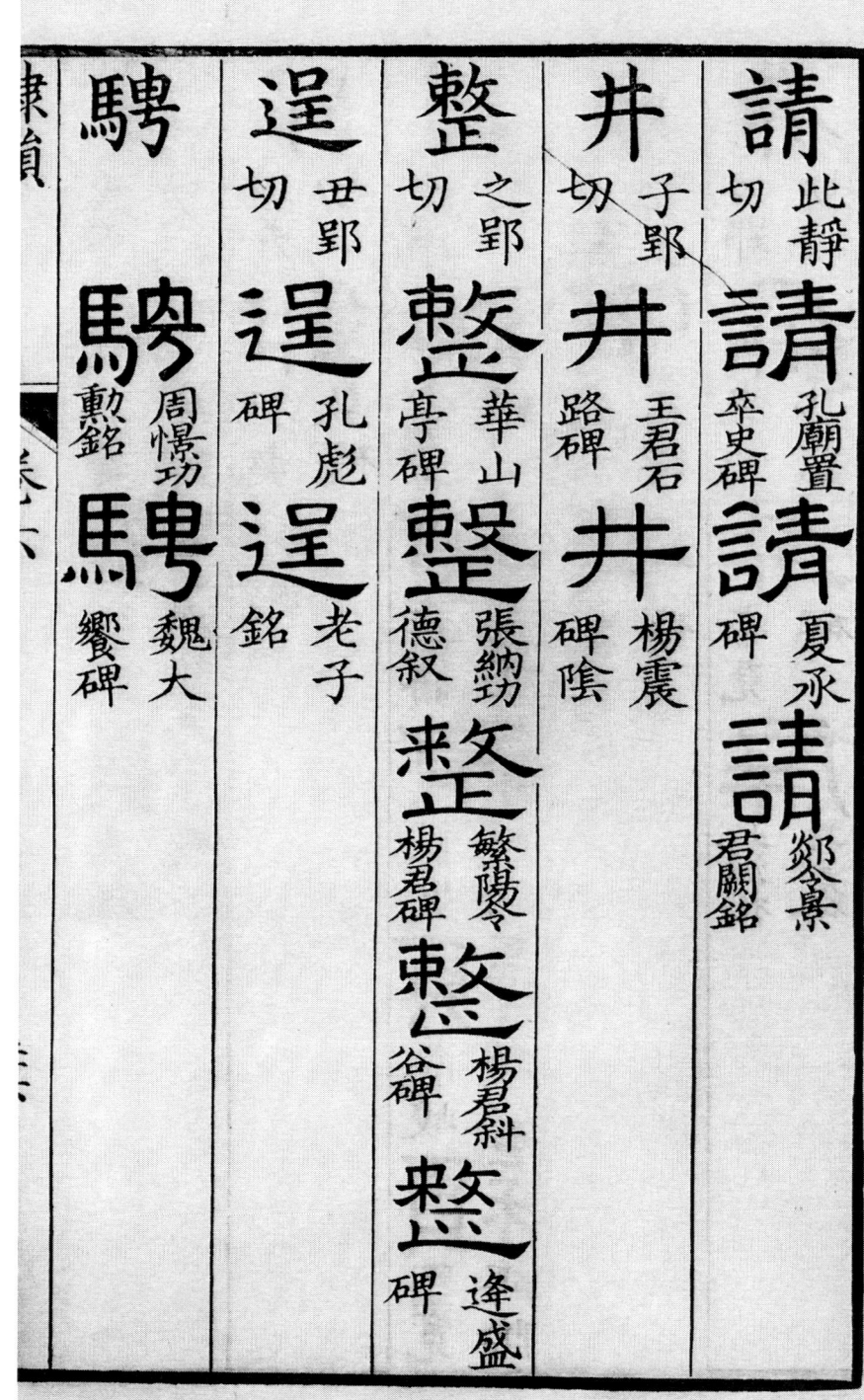

領 里郢切
領 孔廟置卒史碑
領 張納碑陰
領 費鳳碑

郢 以井切
郢 孫叔敖碑

穎 庚頃切
穎 靈臺碑
穎 孟郁脩堯廟碑
穎 陳寔殘碑
穎 魯峻碑
穎 劉寬碑陰

頃 犬穎切
頃 唐公房碑
頃 衷良碑

屏 必郢切
屏 史晨祠孔廟銘
屏 帝堯碑
屏 北海相景君碑

癭 於郢切 癭 孔宙碑陰

四十一逈

迥 戶頂切 迥 張納功德叙

炯 炯 楊震碑

瑩 烏迥切 瑩 楊著碑 瑩 冀州郭從事碑

竝 部迥切 亦作並 立 校官碑 立 老子銘 竝 夏承碑 竝 綏民尉熊君碑 竝 王元賓碑

鼎 都挺切 鼎 鄭固碑 鼎 費鳳碑 鼎 朱龜碑 鼎 孫根碑 鼎 北海相景君碑

鼎 陳寔殘碑 鼎 樊毅脩華嶽碑

挺 待鼎切 挺 夏承碑 挺 馬江碑 挺 史晨祠孔廟銘 挺 張表碑

四十二拯

拯 之庱切 抍 孔彪碑

四十三等

等 多肯切 等 樊毅脩華嶽碑 等 馮緄碑 等 孔廟置卒史碑 等 唐扶頌 等 周憬功勳銘

等 魯峻碑 等 高彪碑 等 孔彪碑 等 孔從事碑 等 逢盛碑

肯 苦等切 肎 石經魯詩 肎 華山亭碑

四十四有

有 云九切 有 石經尚書 有 陳寔殘碑 有 周憬功勳銘 有 北海相景君碑 有 華山亭碑

有 綏民尉熊君碑 有 夏承碑 有 靈臺碑 有 孫根碑 有 陳球碑 有 征南劉君神道

友 友 石經論語 友 費鳳碑 友 張表碑 友 孔謙碣

朽 許久切 朽 郙閣頌 朽 孔宙碑 朽 益州守無名碑 朽 逢盛碑 朽 綏民尉熊君碑

朽 夏承碑
朽 楊統碑

九 舉有切
九 帝堯碑
九 王君石路碑
九 何君閣道碑
九 繁尉熊君碑
九 是邦雄桀碑
九 北海相景君碑

久
久 石經論語
久 王君石路碑
久 靈臺碑
久 樊毅脩華嶽碑

舅 巨九切
舅 費鳳碑陰
舅 樊安碑
舅 孔廟禮器碑
舅 樊毅脩華嶽碑
舅 戚伯著碑

咎 咎 來良碑 咎 靈臺碑 咎 劉寬後碑 咎 橫海呂將軍碑

酉 以九切 酉 孔廟置卒史碑 酉 脩孔廟後碑 酉 侯成碑 酉 李翕坂碑 酉 沈子琚江堰碑

酉 逢盛碑

牖 牖 婁壽碑 牖 孔從事碑

誘 誘 劉熊碑 誘 周憬功勳銘 誘 劉寬碑

否 俯九切 否 張表碑

不 不 石經尚書 不 羊竇道碑 不 夏承碑 不 史晨祠孔廟銘 不 周憬功勳銘

不 李翊碑 不 孟郁脩堯廟碑 不 劉熊碑 不 孔廟禮器碑 不 逢盛碑 不 楊統碑

不 綏民尉熊君碑

婦 房缶切 婦 費鳳碑陰 婦 吳仲山碑 婦 徐氏紀產碑

負

負 孫叔敖碑

負 帝堯碑

負 羊竇道碑

負 徐氏紀產碑

阜

阜 張納功德叙

阜 衷良碑

酒 子酉切

酒 石經魯詩

酒 中部碑

酒 孔廟置卒史碑

酒 孫叔敖碑

首 始九切

首 無極山碑

首 馮緄碑

首 孔廟置卒史碑

首 帝堯碑

首 綏民尉熊君碑

首 北海相景君碑

手 手孔耽碑後字 手孫根碑 手袁良碑 手劉寬碑

守 守高頤闕碑 守劉熊碑 守夏承碑 守公乘伯喬題名 守周憬功勳銘

守北海相景君碑 守緐長尉熊君碑 守何君閣道碑 守劉寬碑陰

醜齒九切 醜張表碑 醜張納功德叙 醜孔彪碑 醜孫叔敖碑

受是酉切 受石經尚書 受唐扶頌 受孫根碑 受三公山碑 受孟郁脩堯廟碑

受 馮緄碑
受 吴仲山碑
受 夏承碑
受 華山亭碑
受 魏石經左傳

獀 所九切
獀 魏大饗碑

丑 敕九切
丑 無極山碑
丑 楊統碑
丑 种君石虎刻字

紂 丈九切
紂 石經論語

柳 力九切
柳 柳敏碑

紐 女九切 紐 唐扶頌

四十五厚

厚 很口切 厚 老子銘 厚 婁壽碑 厚 唐公房碑 厚 史晨祠孔廟銘 厚 李翕西狹頌

後 後 石經尚書 後 張公神碑

口 去厚切 口 石經尚書 口 樊毅復民租碑 口 孫根碑

叩
叩 孔廟置卒史碑

耉 舉后切
耉 孔彪碑
耉 費汎碑

苟
苟 石經論語
苟 婁壽碑
苟 督郵斑碑

狗
狗 魏大饗碑

垢
垢 樊毅復民租碑

偶 語口切 偶 劉熊碑

耦 耦 婁壽碑

藕 藕 孔耽神祠碑

剖 普后切 剖 張納功德叙 剖 周憬功勳銘

母 莫後切 母 石經論語 毋 靈臺碑 母 鄭令景君闕銘

畒

畝 費鳳碑

畞 丁魴碑

畂 徐氏紀產碑

晦

晦 劉脩碑

牡

牡 孫叔敖碑

牡 樊毅脩華嶽碑

傁 蘇后切

傁 無極山碑

藪

藪 孫叔敖碑

走 子口切 走 桐栢廟碑

斗 當口切 斗 巴官鐵盆銘 斗 祝睦後碑

四十六黝

糾 吉酉切 糾 夏承碑 糾 丁魴碑 糾 張表碑 糾 朱龜碑 糾 冀州郭從事碑

赳 赳 校官碑

四十七寢

寢 七稔切
寢 史晨祠孔廟銘
寢 祝睦後碑
寢 費鳳碑
寢 張表碑
寢 魏脩孔子廟碑

審 式荏切
審 公乘伯喬題名
審 李翕西狹頌
審 郙閣頌
審 唐扶頌

沈
沈 沈子琚江堰碑
沈 交阯沈君神道
沈 劉寬碑

枕 章荏切
枕 樊敏碑

稔 忍甚切

稔 元賓碑

稔 費鳳碑

稔 孔宙碑

稔 郙閣頌

稔 李翕西狹頌

衽

衽 楊統碑

稟 筆錦切

稟 孟郁脩堯廟碑

品 丕錦切

品 帝堯碑

品 張納功德叙

品 樊毅脩華嶽碑

朕 直稔切

朕 石經尚書

朕 曹騰碑陰

朕 袁良碑

廩 力錦切 廩 州輔碑陰 廩 魏石經左傳

飲 於錦切 飲 吳仲山碑 飲 唐公房碑 飲 北海相景君碑 飲 史晨祠孔廟銘 飲 楊震碑

四十八感

感 古禫切 感 夏承碑 感 侯成碑 感 孫叔敖碑 感 靈臺碑 感 李翊碑

感 唐扶頌 感 李翊夫人碑 感 吳仲山碑

⿰甚見 徒感切 ⿰甚見 張壽碑

轗 苦感切 輱 孔耽神祠碑

慘 七感切 慘 馬江碑 慘 李翊碑

四十九敢

敢 古覽切 敢 石經尚書 敢 史晨祠孔廟銘 敢 孔廟置卒史碑 敢 鄭固碑 敢 孔彪碑

敢 老子銘 敢 魏尊號奏碑

覽 魯敢切 覽 張納功德叙 覽 華山亭碑 覽 孟郁脩堯廟碑 覽 夏承碑 覽 元賓碑

覽 祝睦後碑

攬 擥 衡方碑

五十 敬謹避寫

御名敬謹避寫

漸 疾染切
漸 張表碑
漸 袁良碑
漸 華山亭碑
漸 樊毅脩華嶽碑

陝 失冉切
陝 華山亭碑
陝 劉寬碑陰

冉 而□切
冉 鄭固碑

染
染 魏大饗碑
染 燕然銘

諂 丑□切 諂 石經論語

斂 力冉切 斂 劉寬後碑

險 虛檢切 險 王君石路碑 險 孔宙碑 險 曹騰碑陰 險 周憬功勳銘

獫 獫 益州守無名碑 獫 孫根碑

儉 巨險切 儉 孔廟禮器碑 儉 郙閣頌 儉 魯峻碑 儉 楊著碑 儉 張納功德敘

㑒 袁良碑

奄 衣檢切

奄 魏尊號奏碑

奄 樊敏碑

奄 北海相景君碑

奄 費鳳碑陰

奄 橫海呂將軍碑

掩

掩 孫叔敖碑

掩 賜馮煥詔

晻

晻 平輿令薛君碑

貶 悲檢切

貶 楊君斜谷碑

貶 魏脩孔子廟碑

五十一忝

忝 他點切

忝 張壽碑

忝 譙敏碑

五十二广

儼 魚掩切

儼 石經論語

五十三豏

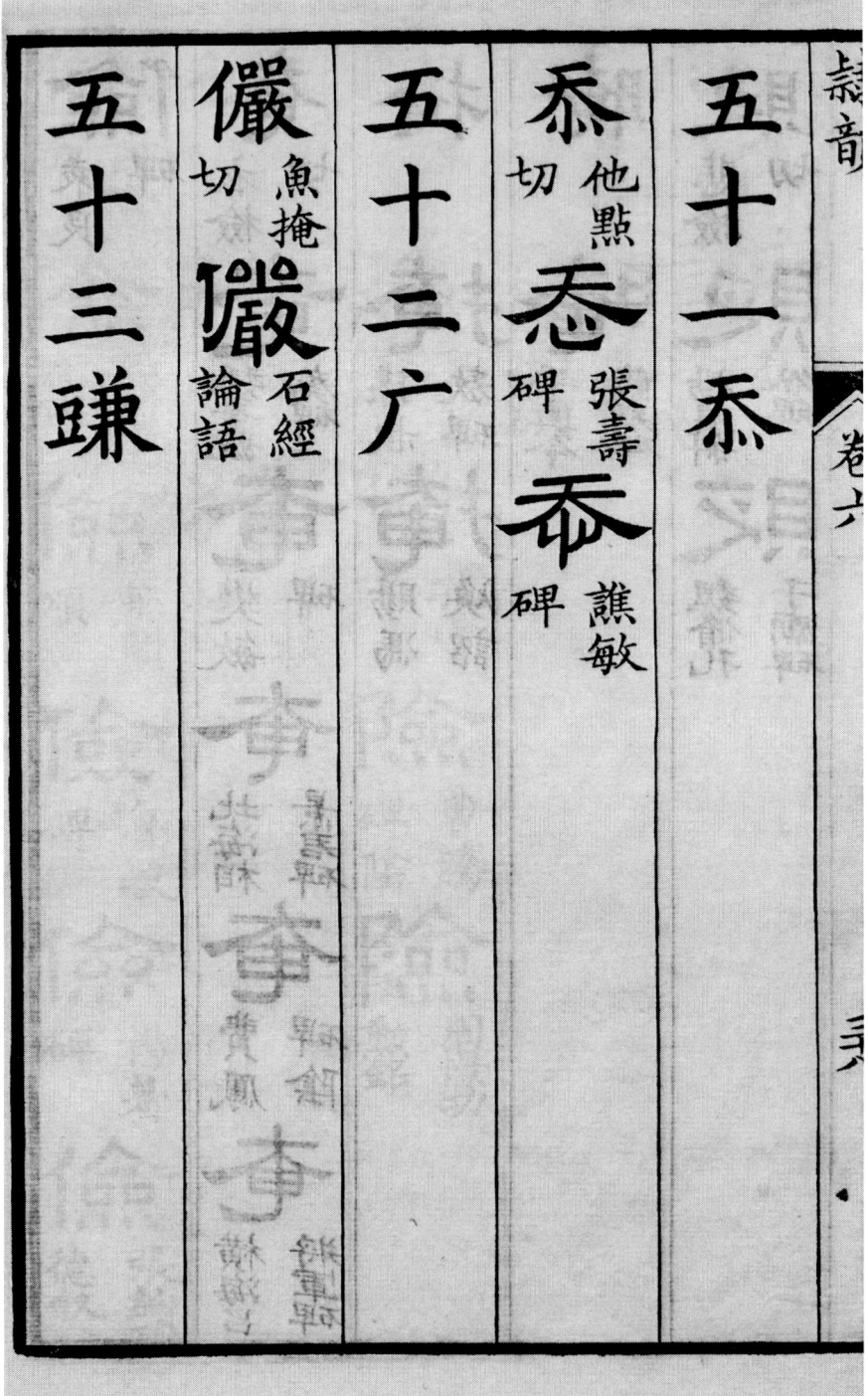

減 古斬切

減 李翕西狹頌

黯 乙減切

黯 魏元丕碑

斬 側減切

斬 衷良碑

斬 費鳳碑陰

斬 馮緄碑

湛 丈減切

湛 蔡湛頌

湛 張表碑

嶄 土減切

嶄 郙閣頌

五十四檻

濫 戸黤切

濫 張壽碑

五十五范

范 防錽切

范 繁陽楊君碑陰

范 張納碑陰

范 劉熊碑陰

范 楊著碑

范 建平郫縣碑

犯

犯 平都侯蔣君碑

犯 祝睦碑

範

範 綏民尉熊君碑
範 逢盛碑
範 太僕荀君碑陰
範 張平子碑

隸韻卷第六終

隸韻

卷六

畢

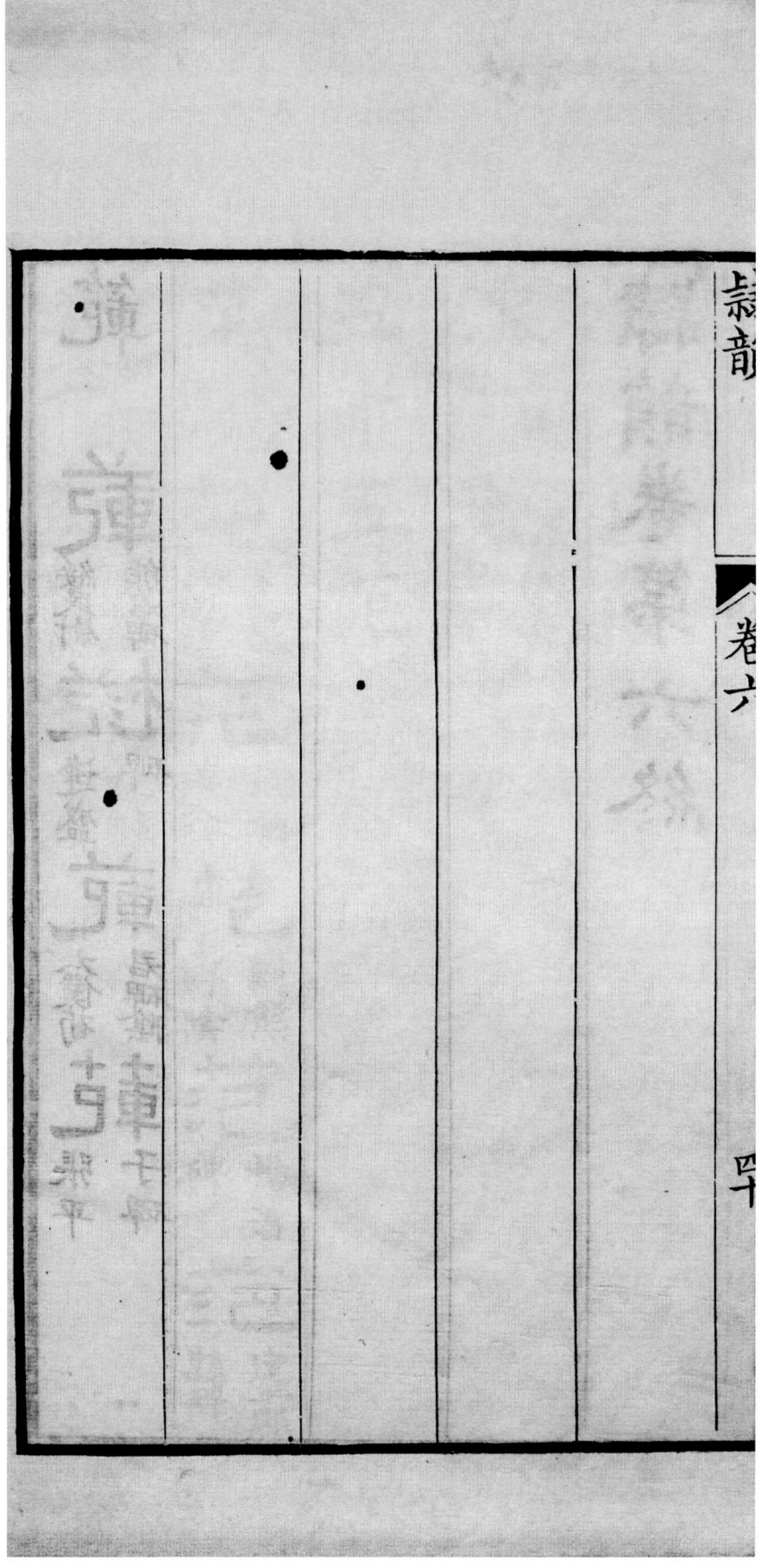